無赤團求

손병福의
무적구단

책 제목을 '무적구단(無赤求團)'으로 정한 건 나 자신이 평생 실천하고 애쓴 경제관 때문이다. 경제인으로서 언제나 '조직을 어떻게 끌어갈 것인가'라는 대의를 품고 살아오다 보니 적자가 없었다. 적자란 반드시 금전만을 의미하는 것이 아니라 미래의 먹거리까지 모색하고 개발해 조직을 구한다는 포괄적 개념을 포용하고 있다. 무적구단(無赤求團)은 곧 무적구단(無敵球團)의 실천적 덕목과 무관하지 않다.

경북 울진군 온정면 외선미1리 고향집

1969년 2월 초등학교 졸업 때   1978년 6월 용인민속촌(대학 시절)

1979년 2월 대학 졸업 때

1979년 12월 GOP 순찰 중   1979년 2월 임관 때 아내 황정수와 함께

1979년 2월 삼성 대졸 신입사원 입문 교육 때(19기 4차)

1980년 2월 GOP 소대막사 앞에서 순찰견과 함께

1980년 6월 GOP 통문 앞에서   1980년 6월 GOP 소대장실에서

상_ 2002년, 5월 명명식(삼성중공업)
왼쪽 두 번째 이해규 사장, 세 번째 양만기 수출입은행장, 다섯 번째 손병복 상무
하_ 2003년 김영삼 대통령과 함께

2003년 6월 12월 거제조선소 현장 순시(삼성)

2005년 1월 거제조선소 본관 앞에서

2011년 2월 2일 바레인 하수처리장 수주 계약식
(5.5억 달러 규모)
바레인 에쌈 칼리프 건설부 장관,
아메드 재정경제부 장관,
손병복 삼성엔지니어링 부사장 참석

2011년 5월 8일 손병복 당시 삼성엔지니어링 부사장(왼쪽 두 번째)이 사우디 마덴사 관계자들과 알루미늄 압연 설비 수주계약을 체결하고 있다.(삼성엔지니어링 제공)

2011년 6월 바레인 철강 플랜트(년간 60만 톤 형강 생산, 5억 달러 규모) 건설 현장 방문

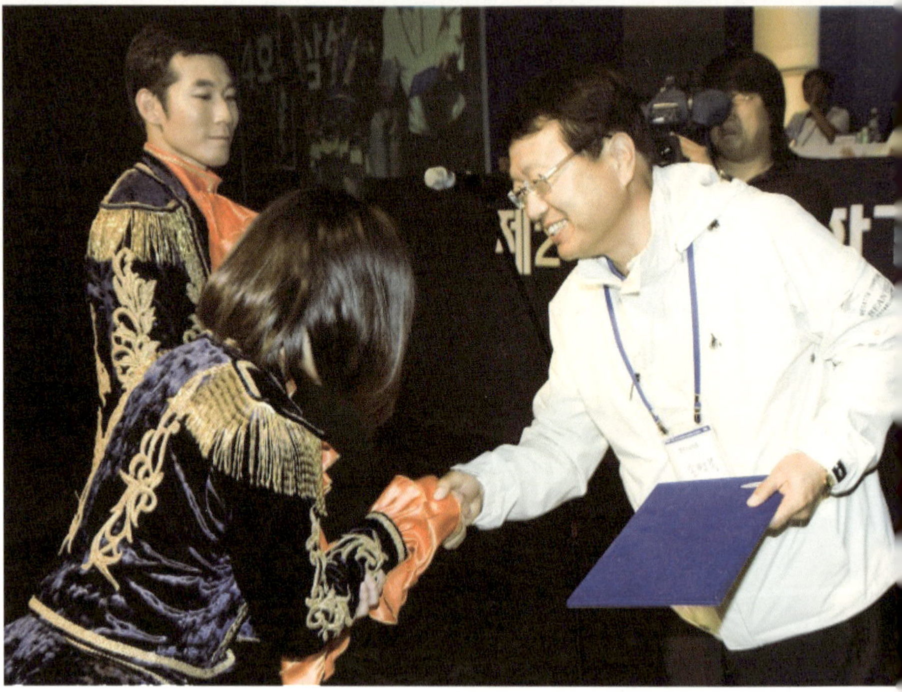

상_ 2011년 6월 9일 ~ 10일 제24회 삼성하계수련대회에 참석하기 위한 통합 C팀
(삼성엔지니어링, 물산건설, 삼성중공업 통합팀) 출정식에서
하_ 남녀 신입사원 대표에게 임명장 수여

2011년 12월 경영전략 회의에서 수주 핵심 전략 발표

2013년 12월 23일 손병복 한울원자력 본부장 취임식

2014년 4월 13일 흥부만세제 가두행진 (한수원)

2014년 4월 13일 흥부만세제에서 분향(좌), 2014년 4월 2일 한수원 창립 기념 봉사활동(우)

상_ 2014년 5월 13일 2호기 방사능방재 전체 훈련(한수원)
하_ 2014년 5월 16일 공감・소통・혁신 간부 워크숍
안전 최우선 원전 운영, 청렴 윤리 내재화, 지역사회와 소통 강화,
행복한 일터 만들기를 위해 끝장 토론(한수원)

상_ 2014년 6월 25일 한울원자력본부 주변 지역 주민 종합건강검진 지원 협약 체결(한수원)
검진 대상 인원 대폭 확대, 대상 지역도 울진군 전역으로 확대
하_ 2014년 6월 19일 온배수 이용 양식 어패류 방류행사 때 환영사

2014년 7월 25일 무재해 목표 달성 13배 인증패 수여식(한수원)

2014년 9월 21일 추석 맞이 전통시장 장보기(한수원)

2014년 11월 19일 1호기 방재합동훈련

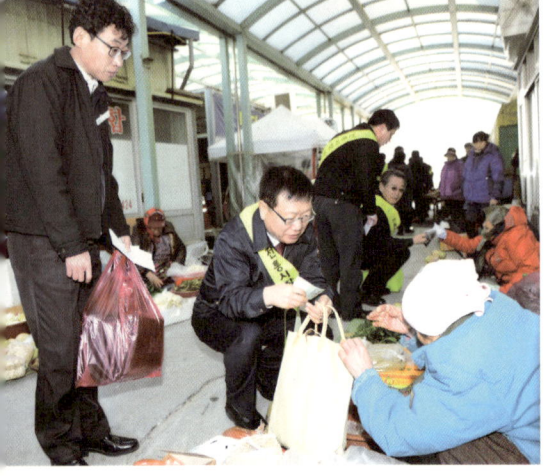

상_ 2015년 1월 2일 울진군기독교연합회 신년교례회(좌)
2015년 1월 병설유치원 졸업식 때(우)
하_ 2015년 1월 21일 설맞이 전통시장 가는 길

2015년 1월 21일 설맞이 전통시장 가는 길

상_ 2015년 2월 11일 울진교육지원청과 자유학기제 진로 체험 활동 MOU체결
하_ 2015년 3월 11일 민관군경 통합방호훈련

2015년 4월 2일 신한울 2호기 원자로 설치(한수원)

2015년 4월 2일 신한울 2호기 원자로 설치(한수원)

2015년 4월 21일 신입직원과의 간담회(한수원)

상_ 2015년 4월 22일 방사능 방재훈련(한수원)
하_ 2015년 5월 14일 경력사원 특강

상_ 2015년 11월 12일 신입직원 특강(한수원)
하_ 2015년 7월 31일 "2015 울진뮤직팜 페스티벌"(1일차)

Prologue

어린 시절에는 4대가 오순도순 도타운 정을 나누면서 살았다. 대가족의 울타리에서 우러나는 따뜻하고 좋은 기운이 습관과 천성에 스미고 영향을 미치기도 했던 것 같다. 증조부는 훈장이셨다. 마을 아이들의 글머리를 틔워 주고, 식솔들에게는 배우고 알아야 한다고 일깨우셨다.

코흘리개 때 1원짜리 지폐를 버렸다가 증조모로부터 혼쭐이 난 적도 있다. 증조모는 '살림이 거덜 나면 봄에 소를 팔게 된다'는 말씀으로 내게 일찌감치 경제 관념이 스며들게 한 분이셨다.

장정 몇 사람이 덤벼도 가볍게 제압할 수 있을 정도로 건장한 할아버지는 내게 칭찬으로 자존감을 높여 주셨다. 손자들 가운데 나를 가장 귀여워하신 할아버지는 내 눈이 초롱초롱하며 호랑이 눈을 닮아 똑똑할 거라고도 하셨다.

아버지는 중등학교 영어 교사이셨다. 울진군이 벽지라 군내에서만 근무하신 아버지는 근무 점수가 높아 대구에서 여름방학 때 한 달간만 강습을 받으면 교감 승진이 될 수 있었지만, 우리 5남매와 숙부들의 뒷바라지로 그 강습을 미루시다가 승진 기회를 놓치기도 하셨다.

그 바람에 회갑이 가까워진 연세에 시험을 치러 교감으로 승진하셨다. 줄곧 고향에서 후진을 양성하신 아버지는 1991년 경상북도 교육위원 선거에 출마해 한 표 차이로 아쉽게 낙선하셨다. 당시 아버지는 자식들에게 선거 얘기를 전혀 하지 않으셨다. 그때 나는 삼성그룹 회장비서실에 근무하고 있었다. 유권자인 경상북도 의원들의 지인이나 가족들 가운데 삼성에 근무하는 사람들을 찾아 도울 수도 있었다. 하지만 아버지는 교육자 본연의 자세를 잃지 않으며 곧은 행보를 하셔서 결국 그다음 선거에 출마해 경상북도 교육위원에 당선되셨다.

올곧고 건장하셨던 아버지는 별안간 건강에 빨간불이 켜졌다. 화장실을 가신다면서 다른 방향으로 가시는 걸 보고 급히 대구의 병원으로 모셨다. 이마 앞쪽의 실핏줄이 터져 있였다. 수술한 후 기억력이 나빠지셨다. 치매가 온 아버지는 건강 회복에 대한 의지가 약하셨고, 몇 년 후 겨울부터 집안에만 계시다가 이듬해 봄에 급기야 자리에서 일어나지 못하셨다. 병상의 아버지를 보면서 문득 그 옛날 든든했던 등이 떠올랐다.

외할아버지 제사를 지내고 돌아오던 밤, 아버지의 등에 업혀 바라본 세상은 고요하고 포근했다. 어둠 속에 총총 빛나는 별을 보면서 나도 빛나는 사람이 되어야겠다고 아버지의 등과 맞닿은 가슴에 어렴풋하게나마 꿈을 새겼다.

나는 무엇이든 꿈꾸고 도전하고 이루려 한다. 지금 나는 그때 아버지 연세를 훨씬 넘으셨다. 아버지에 대한 기억들을 떠올리며 진로의 갈림길에 선 모든 대한민국 청년을 위한 멘토가 되고 싶어 이 글을 쓴다.

나는 초등학교에 입학하기 전에 한글을 제법 깨우쳤다. 여섯 살 때 고모가 읽어 주는 만화를 보고, 글을 배우기도 했기 때문이었다. 어린 시절부터 하루의 일과를 거의 학교와 도서관에서 보냈다. 삼국지는 몇 번 읽어도 재미있었다. 촉이 가난하니 특산물인 비단 수출에 최선을 다해야 한다는 제갈공명의 상소는 어릴 적부터 각인된 1원짜리 지폐의 소중함과 함께 경세제민(經世濟民)의 의미를 알게 했다.

초등학교 5학년 때부터 육상선수로 활동했다. 높은 뜀틀도 훌쩍 잘 뛰어 넘었으며, 누구보다도 모험심이 컸다. 모험심은 도전으로 이어졌다. 매화천의 높은 다리 위에서 모래밭 아래로 먼저 뛰어내리면서 형들과 친구들에게 용기를 부추기기도 했다. 나의 '퍼스트 펭귄'과 같은 도전과 용기는 그렇게 시작됐다.

사람은 무엇이든 하지 않으면 안 되는 때가 있다. 그 시기를 맞았을 때 중요성을 알지 못하면 그저 흔들리는 대로 살면서 때를 놓치게 된다. 나는 각자 자신의 개성과 역할에 맞게 목표 달성에 집중해 때를 놓치지 말 것을 권하고 싶다.

나는 장래 희망을 정해놓고 열심히 공부해야 할 시기에 하고 싶은 게 많았던 것 같다. 공부보다는 이것저것 하다 보니 친구들 사이에 운동을 잘한다는 인정을 받았다. 하지만 만족할 만한 성적을 낼 수 없었다.

고등학교 3학년 초여름이었다. "앞으로 어떻게 할래?"라는 아버지의 엄중한 말씀을 듣고부터 대학 진학 준비를 했다. 일찍부터 공부에 전념했더라면 하는 생각이 들지 않을 수 없었다.

초등학교와 중학교에 다닐 때는 줄곧 1, 2등을 유지했다. 그 바탕은 복습과 예습이었다. 좋은 습관을 꾸준히 유지한다면 뜻하는 바를 이룰 것이다. 살아가면서 자기 자신의 진로를 깨우쳐주는 멘토는 꼭 필요하다. 늦게나마 내 위치를 아셨던 아버지의 바람대로 나는 중앙대학교에 입학해 경제학을 공부했다.

꿈이었던 '삼성'에 합격해 1979년 2월, 신입사원 연수에 들어갔다. 삼성은 인재 확보를 위해 ROTC 장교로 군 복무를 해야 하는데도 입대하기 전에 채용하는 제도로도 사원 관리를 했다. 연수를 마치고 대한민국 장교로서 그해 3월 입대했다.

소대장은 어떻게 하든 한 소대를 바람직한 방향으로 이끌어야 한다. 소대원들이 소대장의 명을 거역한다면 모든 체계가 허물어진다. 나는 어깨에 단 녹색견장을 내려다볼 때가 더러 있었다. 나를 따르라고 했을 때 소대원들이 그 명령을 잘 따르게 되는 것은 소대장이 부하를 진심으로 아끼는 마음과 솔선수범이 선행돼야 한다는 걸 마음에 거듭 새기기도 했다. 삼성에 입사한 후로는 원칙을 우선으로 하는 리더십을 발휘하고 실천했다. 어려운 상황이 닥칠 때마다 병사들과 함께 풀려고 애쓰고 때로는 그들의 방패가 되기도 하면서 1981년 6월 30일 무더위가 막 시작될 무렵 군 복무를 마쳤다. 그 며칠 뒤인 7월 3일 삼성에 복직해 21기 1차로 4주간 연수를 하고 삼성조선으로 배치됐다.

1981년 9월 30일, 긴 연애의 마침표를 찍고 평해 월송정 부근에 있는 예식장에서 결혼식을 올렸다. 삼성에 입사해 희망에 벅찼던 때였다. 다음 기회에 긴 일정을 잡아 여행을 가면 된다고 생각하며 고향 집 가까운 경주에서 1박 2일로 신혼여행을 했다.

삼성 재직 당시 아내는 임원 부인으로 특대우를 누리지 못했다. 그런 아내가 IMF 경제 위기 때 문구점을 꾸려 가정 살림에 보탬을 주었다. 아내 덕분에 미국에서 공부하고 있던 맏딸은 무사히 학교를 졸업할 수 있었다. 지금은 삼성전자에 입사해 미래를 향한 꿈을 키우고 있다. 둘째 딸은 미술대학을 졸업하고 현대자동차 디자이너로 일하고 있다. 아내의 내조 덕분에 한 지붕 아래 기업 임원과 사원들을 배출하게 된 셈이다.

삼성의 사장이 꿈이었던 나는 거제의 삼성조선 현장 근무를 하던 중 서울 근무를 희망했다. 사업의 관건은 돈의 흐름을 아는 것이었다. 무엇보다 자금 업무를 제대로 배우고 싶었다. 일할 때는 근본 원리를 반드시 확인하고 숙지했다. 하나하나 헤쳐나가다 보니 경영과 회계 측면에서 한 단계 올라설 수 있었고, 중장기 계획의 중요성에 대해서도 깊이 인식하게 됐다.

리더들의 장점을 배우려 노력하면서 마흔세 살 때 임원이 됐고, 임원으로 13년간의 재임 가운데 등기 임원 6년의 리더로 성장할 수 있었다. 세계 일등으로 글로벌 경쟁에서 이길 수 있는 장기 비전 설정과 목표 달성을 위한 구체적 전략을 실천하면서 조직을 목표 지향적으로 이끌어 가려고 최선을 다했다.

2013년 가을 무렵, 삼성물산 출신이며 ROTC 선배인 김상항 사장과 운동을 하던 중이었다. "손 부사장, 한수원(한국수력원자력주식회사)의 본부장 공모가 있던데 알고 있는가?" 몇 군데 선망하던 곳에서 사장직 제의도 있어 앞으로의 진로에 대해 이런저런 이야기를 나누다가 김상항 사장이 내게 한 물음이었다. 그때 나는 삼성엔지니어링 부사장으로 퇴임한 뒤 그 회사의 자문역으로 일할 때였다. 생업에 쫓겨 밀쳐두었던 중앙대학교 MBA 과정을 밟으면서 면학 정진 중이기도 했다. 부러울 것 없는 생활을 하다가 학업도 포기하고 울진으로 갔다. 우리나라가 부자가 되려면 미래 산업으로는 원자력 만한 게 없다는 생각이 화두가 됐다. 더구나 울진은 우리나라 최대의 원전 단지이다.

2013년 크리스마스를 이틀 앞둔 날, 제18대 한울원자력본부장으로 취임했다. 누구보다 뜨거운 가슴으로 2년의 임기를 마쳤다. 그런 노력과 지혜, 경험을 모아 한 권의 책으로 엮게 됐다.

책 제목을 '무적구단(無赤求團)'으로 정한 건 나 자신이 평생 실천하고 애쓴 경제관 때문이다. 경제인으로서 언제나 '조직을 어떻게 끌어갈 것인가'라는 대의를 품고 살아오다 보니 적자가 없었다. 적자란 반드시 금전만을 의미하는 것이 아니라 미래의 먹거리까지 모색하고 개발해 조직을 구한다는 포괄적 개념을 포용하고 있다. 무적구단(無赤求團)은 곧 무적구단(無敵球團)의 실천적 덕목과 무관하지 않다.

책 내용은 5부로 나누었다. 1부에는 무적구단(無赤求團)의 심정으로 내가 현재 가장 큰 관심을 가지고 있고 독자들에게 알리고 싶은 마음이 앞서서 원자력발전소와 관련된 이야기를 담았다. 알기 쉽게 전하려고 애썼으나 원전 특성상 전문용어와 그림이 곁들여져 난해해 보일까 염려도 된다. 2부는 고향 울진에 터전을 둔 대가족 울타리에서 사랑을 담뿍 받고 자란 어린 시절 이야기이며, 3부는 고향을 떠나 대구에서 흔들리며 보낸 고등학생 시절과 서울에서 청춘의 낭만을 즐기면서도 안정적인 직업을 갖기 위해 고심했던 대학생 시절 이야기이다. 4부는 ROTC 장교로 GOP에 근무하면서 부대원들과 희로애락을 함께 하며 리더의 기량을 키우던 이야기이다. 마지막 5부는 내 인생에서 가장 오랜 시간 머물렀으며 뼈를 묻을 각오로 일하면서 역량을 펼쳤던 삼성에서의 이야기들을 썼다.

태백산 금장산 왕등은 4대가 모여 살았던 인생의 고향이며, 35년을 함께한 삼성은 리더로 이끌어 준 청·장년 시절의 고향이다. 내가 신입사원의 최고 자질로 인성을 꼽는 삼성인이 된 연유를 거슬러 가보니 자연과 인문환경이 좋은 곳에서 태어나고 자란 사람이 인성이 좋다는 것을 알고 허투루 집을 구하지 않았던 증조부의 철학이 가슴 깊이 자리매김하고 있었다.

이 책을 통해서 취업을 준비하는 청년들에게 어떤 일을 하든 좋은 인성이 기본이라는 것을 전하고 싶고, 기업과 사회생활의 이해에 도움이 되었으면 하는 바람을 가져 본다. 여러 힘든 일이 있을 텐데도 출판을 맡아 준 도서출판 시율 오시안 대표에게 감사드린다.

2021 봄
외선미리에서 손 병 복

Contents

화보 04

Prologue 32

I 시작부터 큰 짐을 지리라

1. 시작부터 큰 짐을 지리라
시작부터 큰 짐을 지리라 47
원전 본부장이 되어 울진으로 가다 48
워라밸(Work and Life Balance) 한울 50

2. 원자력 도입과 실상
원자력의 실상 56
후쿠시마 원전 58
원자력 발전 원리 59
안전한 가압경수로 방식 62
심층방어체계가 적용된 한국표준형 63
영화 '판도라'와 안전 65
원자력 발전의 안전관리체계 70
사고 수습은 원인이 밝혀질 때까지 73
왜 원자력이 필요한가 74
신한울 3, 4호기 재개로 한국판 뉴딜정책 추진 79

II 금장산 왕등의 소년

1. 가족의 사랑으로
첫 멘토 할아버지   83
아버지의 실천하는 삶   86
어머니의 헌신   89

2. 외선미리의 추억
우리 집   91
우직한 소   94
겨울방학   95
외선미리 한지   95
그 시절의 씻기 문화   96

3. 금장산 왕등의 소년
매화천과 함께   99
흥겨웠던 잔치들   101
금장산 왕등의 소년   104

III 영원한 멘토와 멘티

1. 외선미리에서 대구로
외선미리에서 대구로   111
50계단의 학교에서   113
복싱을 배우다   114
그 시절 TV에서는   115

2. 영원한 멘토와 멘티
소년 전성시대   116
엉덩이에 불난 날   117
영원한 멘토와 멘티   118
서울에 입성하다   120
갈라진 바둑판   121
선유도의 혼불   122
담력을 쌓다   123

3. 내 인생의 ROTC
내 인생의 ROTC   124
흑석동 눈물고개   126
장교는 우산을 쓰지 않는다   127
군기 잡기   128
그 시절의 추억들   130
이병철 선대 회장의 면접   131

IV 나를 따르라

1. 나를 따르라
   - 소위의 첫걸음   135
   - 통제 속의 자유   136
   - 지휘자로 가는 길   138
   - 모기의 회식 후 지휘자로   141
   - 나를 따르라   143
   - GOP로 가다   145
   - 이길 때까지   147
   - 항복받다   148
   - 가운데 토막   150
   - 전역하다   151

V 인재 제일, 삼성맨이 되다

1. 거인과 신입사원

거인과 신입사원	155
인재 제일, 삼성맨	156
첫 발령	158
연애 끝, 결혼 골인	159
책임감과 자긍심	161
선배들의 기강 잡기	161
1조짜리 수표의 해프닝	163
돈뭉치가 든 더블백	164
일 잘하는 손 대리	165
내 자리는 삼성중공업	166
관리회계 정립	168
경영관리의 근본은 현장	169
적자회사의 애환	171
사업장 문화	173
남해안의 태풍	174

2. 자네가 할 일이 무엇인가

자네가 할 일이 무엇인가	176
불황의 파고	177
멤브레인형 LNG선의 기술 확보	179

고속철 제어기술을 찾아 낭뜨로	181
자동화 설비에 물꼬를 트다	182
경영 안목을 키우다	184
한 지붕 다섯 가족의 경영관리부장	185
위기를 헤쳐가다	186
환차손으로 대형적자	189
안개 낀 앞날	191

3. 삼성의 별, 임원이 되다

삼성의 별, 임원이 되다	193
디지털 바람이 불어오다	195
소통하는 조직이 돼야 한다	197
미식축구팀과 동고동락	200
"니 꺼라고 생각해 봐라"	202
혁신을 위해 흘린 땀방울	204

4. 세계 1등 조선소를 만들어라

세계 1등 조선소를 만들어라	205
1조의 투자 승인	207
고지를 향해 닻을 올리고	209
선주를 위한 호텔 건립	211

5. 업의 특성에 맞게 경영하라

업의 특성에 맞게 경영하라	213
일류로 이끄는 리더십	216
이재용 부회장과의 만남	218
열정, 도전, 근성	221
강추, 삼성	229

Postface   231

I

시작부터 큰 짐을 지리라

1. 시작부터 큰 짐을 지리라
2. 원자력 도입과 실상

1 시작부터 큰 짐을 지리라

ロ 시작부터 큰 짐을 지리라

"손 부사장, 한수원(한국수력원자력주식회사) 본부장 공모가 있던데 알고 있는가?"

2013년 가을, 삼성물산 출신이며 ROTC 선배인 김상항 사장과 운동을 할 때였다. 앞으로의 진로에 대해 이런저런 이야기를 나누다가 김 사장이 내게 물었다. 그때 나는 2013년 1월에 삼성엔지니어링 부사장으로 퇴임한 뒤, 그 회사의 자문역으로 일할 때였다.

몇 군데 선망하던 회사의 스카우트 제의도 있었지만, '삼성맨'으로서 충실한 마무리를 위해 자문역 위촉을 기꺼이 수락했었다. 생업에 쫓겨 밀쳐두었던 중앙대학교 MBA 과정을 밟으면서 면학 정진을 하던 때이기도 했다.

그즈음, 국내외적으로는 자연재해가 빈번히 일어났다. 태풍이 이름을 바꿔가며 잇달아 휘몰아치기 때문이었다. 우리나라에서는 태풍 '피토'의 영향으로 사망자와 이재민이 속출했다. 동남아에서는 화산이 폭발해 5천m까지 화산재가 치솟기도 했다. 인접 국가 일본에서도 연이은 지진으로 천문학적인 피해를 입고 있었다.

그 무렵 우리나라는 지진이 언제 닥쳐올지 몰라 불안감이 고조되는 상황이었다. 그러던 중, 영덕에서 규모 3.6 리히트의 지진이 발생했다. 피해가 없으리라고 예측했지만, 거의 4 리히트에 육박하는 지진으로 대구와 포항에서도 진동이 감지되어 혼비백산하기도 했다.

그런 와중이었지만 김상항 사장의 말을 듣는 순간 가슴이 벅찼다. 마음속으로 갈구하던 꿈이 드디어 이루어질 수 있다는 느낌 때문이었다. 그 꿈은 마치 연어처럼 언젠가는 나서 자란 고향으로 돌아가 몸을 바치겠다는 생각과 맞물려 있었으므로 불현듯 결연한 각오가 용솟음쳤다. 자연재해가 끊이지 않는 현실이지만 고향의 일이라면 힘겨워도 어깨에 짊어지고 우직하게 걸어가리라는 결심이 섰다.

삼성에 근무할 당시에 평소 이건희 회장께서 자주 말씀하셨다. 전자산업의 꽃이 반도체라면 플랜트 건설업 분야에는 원자력발전소 건설이 최고봉이라고. 그러면서 기술을 확보해야 한다고 독려하신 말씀을 떠올리니 용기가 더해졌다. 나는 주저하지 않고 한수원 본부장 공모에 응시하기로 결심했다.

삼성엔지니어링 부사장 시절, 중동지역 최대 산유국인 사우디아라비아의 전력청 장관을 면담한 적이 있다. 가스복합화력발전소 건설 의사를 타진하던 중 그 전력청 장관은 궁금함을 참지 못해 "삼성은 왜 원자력발전소를 건설하지 않느냐?"고 질문했다.

나도 "당신네 나라는 기름과 가스가 풍부한 나라인데도 왜 원자력에 관심이 있느냐?"고 물었더니 "우리는 기름과 가스를 비싸게 수출하고 값싼 원자력으로 국민들에게 전기를 공급하고 싶다."고 했다.

잠깐의 대화로 그의 생각에 감동되어 무릎을 쳤다. 한없는 경세제민(經世濟民)의 마음을 깨닫는 순간이었다. 경제란 세상을 다스려 백성을 고난에서 구제해야 한다는 뜻임을 그를 통해 거듭 확인했다.

'삼성맨'으로서 '원전맨' 도전은 내 인생에 새로운 길을 여는 일이었다. 나는 울진 사람으로서 삼성에 입사해 '세계 1등 조선'의 꿈을 실현하는 데 동참했다. '세계 1등 원전 울진'을 위해 삼성에서 쌓은 경험을 살려 보기로 결심했다. 고향을 위해서 시작부터 큰 짐을 지리라고.

☐ 원전 본부장이 되어 울진으로 가다

우리나라 최대의 원자력 발전 단지인 한울은 울진원자력본부의 새 이름이다. 당초 울진원자력본부로 출발했으나 지역의 농산물 판매 등에 지장이 있어 이름을 바꾼 것이다. 현재 공식 명칭은 한국수력원자력 주식회사(한수원) 한울원자력본부다.

한울원자력본부는 현재 6개 호기를 가동하고 있다. 설비 용량이 590만 kW로 우리나라 총 발전 원전 대비 5%대를 차지한다. 건설 중인 신한울 1, 2호기가 준공되면 설비 용량은 870만 kW로 우리나라 총 발전 용량 대비 7%를 차지하게 되어 울진은 우리나라 최대 원자력 발전 단지가 된다.

현재 가동 중인 6개 호기 중 1, 2호기는 각각 1988, 1989년에 상업 운전을 시작했다. 설비 용량은 95만 kW이고 프랑스의 프라마톰사가 설계했으며 주기기는 알스톰사가 제작했다. 3호기는 1998년, 4호기는 1999년에 준공됐다. 한국전력이 설계하고 두산중공업이 건설한 최초의 한국표준형 원전이다. 이후 5, 6호기는 3, 4호기와 같이 표준설계로 건설되었다. 각 호기의 설비 용량은 100만 kW다.

한울원자력본부에서 생산된 전기는 발전소 내의 변전소를 통해 보내진다. 1, 2호기는 동해→제천→곤지암→서울로, 3, 4호기는 신태백→가평→의정부로, 5, 6호기는 신영주→제천→곤지암→서울로 전기를 공급한다. 가동 준비를 하고 있는 신한울 1, 2호기의 노형은 기존 4개 호기(3, 4, 5, 6호기)의 한국표준형 원전에서 한층 더 우수한 기술로 완전 국산화된 신형 경수로형이다. 호기 당 설비 용량도 기존 한국표준형보다 40%가 많은 140만 kW다.

2013년 크리스마스를 이틀 앞둔 날, 나는 제18대 한울원자력본부장으로 취임했다. 대강당에서 한수원 임직원과 직원들이 발 디딜 틈 없이 참석했다. 나는 덩치가 작지만 취임사를 통해 누구보다 뜨거운 가슴으로 2년 임기 동안의 경영 목표를 당당하게 밝혔다. 첫째 원자력발전소의 안전 운영, 둘째 청렴 조직, 셋째 지역과 상생, 이 세 가지를 위해 함께 노력하려 했다.

내가 취임하기 전 한수원에서는 바람 잘 날이 없었다. 2011년 일본의 대지진으로 후쿠시마 원자력발전소 폭발사고가 일어난 이후 더욱더 철저한 경영 관리에 돌입하자 각종 비리 사건이 드러났다. 발전 정지가 자주 일어나기도 했다. 야심을 가지고 추진했던 부품의 국산화마저 부품 공급 업체들의 시험성적표 조작으로 말썽이 빚어졌다. 여러 가지 부정사건 때문에 고위 간부직의 인적 쇄신에 대한 목소리도 고조되었다.

그러하던 때에 부임한 조 석 사장은 인적 쇄신을 위해 고위직도 공개 채용했다. 원자력본부장을 뽑는데 한수원 내부와 외부에서 19명이나 응시했다. 면접관들은 학자(교수)를 비롯한 원자력 관련 전문가들로 별도 구성되었다. 면접만도 1, 2, 3차에 걸쳐 치러졌으며, 면접관은 3명이 1조가 되어 경영에 관한 다양한 전문지식, 조직 관리 능력, 대민 갈등 해소, 위기 관리 능력에 대해 테스트했다. 최종적으로 사내 응시자 1명, 외부 응시자 1명이 후보로 선택됐다. 외부 응시자인 나는 어려운 관문을 뚫고 당당하게 뽑혔다. 취임사에서 밝혔던 경영 목표를 항시 머리에 떠올리면서 한울원자력본부장 자리를 지켰다.

☐ **워라밸(Work and Life Balance) 한울**

한울원전본부장 취임 후, 가장 먼저 마음 쓰이는 것이 사원 정착 문제였다. 이 본부에는 울진지역 출신을 제외하고는 대부분이 근무를 꺼리는 추세였다. 교통 불편과 대도시와 멀어 인프라가 없으니 근무지로서는 인기가 없었다.

직원들은 교통과 주변 도시 여건이 갖춰진 부산의 고리원자력본부를 선호했다. 전남 영광에 위치한 한빛원자력본부도 광주에서 출, 퇴근이 가능해 평균의 선호도를 유지했지만 한울원전본부는 비선호 지역이었다.

한울원전본부에는 우선적으로 지원하는 직원도 없었고 원자력본부 중 정원에 비해 인력도 가장 적었다. 더구나 아랍에미리트 원자력 건설 현장 파견 등으로 인력이 부족할 수밖에 없었다. 한수원은 이래저래 사원 부족 상태가 되어 신규 모집으로 한울원전본부에 다수의 인력을 배치해 주었다. 그러자 한울은 다른 본부보다 신입사원들이 많아 혈기왕성한 본부로 분위기가 바뀌었다.

우선 한수원 직원들에게도 소외된 한울원자력본부를 기본과 원칙이 잘 지켜져 가장 안전하고 청렴하면서도 "가장 근무하고 싶어 하는 본부"로 만들고 싶었다. 그러기 위해서는 직원들의 의식변화가 급선무였다. 하지만 의식변화를 위한 본부장의 의지를 전달할 수 있는 방법이 문제였다.

발전소 주제어실(MCR:main control room)은 스물네 시간 연속 근무를 해야 하므로 교대 근무를 한다. 안전을 위해 잠시라도 자리를 비울 수 없어 근무시간 중에는 식사도 주제어실에서 해야 한다. 근무에 방해가 될 수 있어서 본부장이라도 근무시간 중에는 간단한 인사만 해야지 긴 얘기를 할 수 없다.

여러 발전소 사무실에서 근무하는 직원들도 현장 점검 등으로 사무실에 앉아 있을 시간이 없다. 직원들을 만나러 현장에 가도 복잡한 설비들로 막혀 있어 직원을 찾는데 어려움이 따르기도 했다. 이 때문에 발전소 소장들과 주요 간부들이 한자리에 모인다는 건 여간 어려운 일이 아니었다. 발전소들의 운영에 지장을 주기 때문에 가급적 불필요한 회의 시간을 줄여야 하기도 했다. 이런 상황에서 직원들과의 소통을 통해 의식변화의 바람을 일으켜 혁신 공감대를 형성한다는 건 거의 불가능했다.

나는 삼성의 거제조선소와 같이 CATV를 활용하기로 했다. 직원들에게 한 달에 두 번씩 월례사 형식으로 안전과 청렴을 중심으로 한 회사의 미션을 비롯해 핵심가치를 먼저 전파했다. 원전 운영이 국가 에너지사업의 중추적 역할을 할 뿐 아니라 안전을 소홀히 할 경우 국민의 생명과 재산에 막대한 영향을 미친다는 사실을 일깨우고, 주인의식과 자긍심을 가지도록 독려했다.

　주제어실을 비롯해 스물네 시간 교대 근무를 해야 하는 팀의 직원들에게는 교육시간을 통해 월례사를 시청하게 했다. 직원들의 의식변화를 일으키려면 모두가 이해하고 실천할 때까지 똑같은 말을 반복해야 가능하다고 생각했기 때문이다.

　하지만 월례사로 본부장의 혁신에 대한 의지를 전달할 수 있었지만, 여전히 쌍방향 소통이 되지 않아 당직자들을 일일이 찾아다녔다. 업무는 오전 9시에 시작되지만 1시간이나 1시간반 정도 일찍 출근해 아침에 퇴근하는 당직자들을 만나곤 했다.

　당직자들에게는 야간근무의 노고를 격려하고 업무상 불편한 점과 불필요한 방식, 장래 희망 등에 대해 물으면서 회사 혁신의 필요성과 본부장의 혁신 의지 등을 주지시키고 소통을 점차 강화했다. 출근 시간을 당겨서 직원들을 만나는 일은 한울본부장으로 취임 때부터 퇴임하는 날까지 지속했다.

　그밖에도 쌍방향 소통을 위해 한 주일에 두 번씩은 부서의 팀장급 3, 4명과 대화를 나누고, 주간 교대 근무자들과는 런치 토크를 했다. 또한 8개의 대화 프로그램을 마련해 입사 3년차 미만의 새내기들의 소리를 듣는 클로버 미팅으로 쌍방향 소통을 시도했다.

　청렴한 조직을 위한 의식 혁신 시도는 사내 직원들뿐 아니라 협력사들과 외부 거래선의 동참이 필요해 사내 협력사 책임자들과 주기적인 간담회를 열고, 매월 청렴 서신 발송으로 협조를 구하기도 했다.

　그런 시도를 지속해 한울원자력본부의 비전과 목표를 재정립하기에 이르렀다. 한울본부가 '워라밸(Work and Life Balance) 한울'로 특화된 직장이 되기를 바라는 간절한 소망의 결과였다. 직원들이 가장 근무하고 싶어 하는 본부로 거듭나기를 겨냥한 비전은 청렴하고 안전하면서도 승진이 잘되고, 불필요한 업무는 줄이는 데 무게가 실려 있었다.

그 일환으로 '행복한 일터 만들기' 운동도 전개했다.

한수원에서 차장으로 진급하기 위해서는 근무 평점도 좋아야 하겠지만 사내 승진 고시를 통과해야 한다. 그렇지 않으면 정년 때까지 승진할 수 없다. 한울본부도 사내 승진 고시에 대비한 교육을 두 달 정도 실시하기로 했다. 하지만 현장 일이 바빠서 참여하는 직원들이 적었다. 여러 발전소 팀장들을 찾아가 어렵겠지만 많이 참여시켜 달라고 독려했다.

처음에는 지원실의 간부들도 승진 고시 교육을 반대했다. 차장으로 승진하면 다른 본부로 발령이 나기 때문에 인력 유출이 오히려 더 증가한다는 이유에서였다. 나는 혼자 미소를 지었다. 다른 본부로 가기 위해 공부하고 한울원자력본부가 차장 승진 고시에 일등을 하면 한수원 전체를 위한 인재 양성이 되기 때문이었다.

마침내 첫해 시험에 한울본부가 많은 합격자를 배출했다. 고리사업본부에서 다수의 인원이 시험을 보았기 때문에 숫자상으로 합격자가 많았으나 응시자 대비 합격률은 한울본부가 가장 높았다.

승진제도가 확실하게 자리 잡은 후 불필요한 업무 줄이기에 들어갔다. 업무 혁신을 하기 위해서였다. 경영 조정 업무 제안을 나만의 소임이라 여기지 않고 사원들과 함께했다. 원자력발전소의 업무는 대부분 안전 때문에 철저하게 절차화되고, 이를 반드시 준수한다. 그러나 안전과 무관한 업무들도 관행적으로 하고 있고 불필요한 업무도 다수였다.

기술의 발전과 시대 흐름에 따라 굳이 하지 않아도 될 일이 생기게 마련이었다. 나는 그러한 비합리적인 업무들을 혁신했다. 설문 조사나 런치 토크에서 접수된 사원들의 애로사항을 본사 관련 부서나 원자력안전위원회 등의 승인을 받아서 규정을 바꾸었다. 본사 승인을 받아야 하는 업무는 본사 조정을, 한울본부에서 승인이 가능한 업무는 내부 검토를 거쳐 조정받을 수 있도록 했다.

다행하게도 때를 맞추어 본사에서 '미래발전위원회'를 구성해 그 일을 추진하라는 지시가 있었다. 부서, 직급, 성별 등을 고려해 열다섯 명으로 위원회를 구성해 혁신 과제들을 찾아내기로 했다. 삼성에서 대리로 근무할 무렵 거제조선소에서 활동에 참여했던 '영보드'제도와 같은 맥락이었다.

혁신은 모두가 참여하고 지속적으로 추진해야만 가능하다. 기존의 혁신 활동과 맥락을 같이해 업무에 불필요하거나 중복된 업무는 바로잡았다. 부서 간의 업무 조정을 통해 책임성과 전문성을 갖추고 행복한 일터를 만들기 위해 불필요한 관행들을 없애고 워라밸(Work and Life Balance)을 위해 회식문화, 회의문화, 퇴근문화 등 열 가지 과제를 도출해 자발적 개선을 추진했다. 또한 안전 최우선 원전 운영, 청렴 윤리 내재화, 지역사회와의 소통 강화 등 현안들에 대해 공감대 형성과 실천 의지를 다지기 위해 팀장급 간부 여든 명 정도가 한자리에 모여 분과별 핵심 가치에 대해 끝장토론을 벌이기도 했다.

마침내 직원들과 함께하는 혁신 활동으로 큰 결실을 보게 되었다. 2014부터 2015년까지 한울원자력본부장을 역임하는 동안 한수원 자체 경영 평가에서 원자력본부 중, 두 해 연속 일등을 했다. 국가권익위에서 실시하는 청렴도 평가에서도 두 해 연속 1등을 했다.

한울본부 직원 대부분은 명함을 갖고 있지 않았다. 일부 부서 외의 대다수 직원들은 회사 내부에서만 생활하고 외부 사람들과 만나는 경우가 적었기 때문에 굳이 명함이 필요하지 않았다. 외부 사람을 만나도 한수원에 다닌다고 하면 별도로 명함을 줄 필요도 없었다.

한수원이 다른 회사와 가장 큰 차이는 제품을 고객에게 팔기 위한 영업 조직이 없다는 점이다. 원자력발전소에서 생산하는 전기가 가장 저렴하고 친환경적이기 때문에 한전에서는 한수원이 생산하는 전기를 무조건 가장 먼저 사서 국민들에게 공급하기 때문이다. 판매를 위한 영업이 필요 없고 오로지 전기를 안전하게 생산하기만 하면 된다.

그런 까닭으로 원자력발전소에서 근무하는 직원들은 지원 조직을 제외하고는 외부 사람을 업무 관계로 만나는 경우가 거의 없었다. 하지만 나는 신입사원들이 자긍심과 소속감을 느낄 수 있도록 일정 수량의 명함을 회사에서 지급하도록 했다.

한편, 고향 울진의 발전을 위해 울진 출신 본부장으로서 지역 발전에 이바지할 수 있는 가장 큰 일이 무엇인지 생각해 보았다. 15년간 타결이 지연되고 있는 8개 대안 사업 타결이였다. 그것은 신한울 1, 2, 3, 4호기 부지 제공에 대한 대가로 이루어졌다. 긴 세월 동안 대안 사업의 타결이 지연되었던 것은 협상의 구도 때문이었다. 한수원과 울진군, 울진군민 대표들의 만장일치가 필요한 협상 구도로 15년간 타결이 되지 않고 있었다.

국가 사업을 추진하면서 지자체와의 대립으로 군민들에게 피해를 줄 수는 없었다. 협상의 구도를 바꾸는 것이 먼저였다. 울진군수를 대신해 전권을 위임받을 수 있는 사람이 필요했다. 울진군수와 울진군 범대책위원회를 동시에 대표할 수 있는 사람은 군의회 의장이었다. 그에게 울진군수의 위임권을 받아오면 나는 한수원 사장의 위임권을 받아오겠다 언질했다.

마침내 울진군 대표로 군의회 의장, 한수원을 대표해 한울원자력본부장, 한수원 본사 건설부 처장 등 세 명이 협상 대표로 강릉에서 만나 1차 협상을 벌였다. 첫 협상에 큰 진전은 없었으나 조바심을 내지는 않았다. '천 리 길도 한 걸음부터'라는 생각으로 우직하게 수순을 밟아 가면 반드시 뜻을 이룰 수 있다는 확신이 들었기 때문이다.

한수원이 산업부로부터 승인받을 수 있는 최대한도 금액은 얼마나 될까? 고심에 고심을 더한 끝에 확인한 결과는 2,700~2,800억 원이었다. 다른 지역의 반발 등 여러 가지 형편상 2,800억 원을 넘길 수는 없었다. 지역주민들이 원하는 사업을 할 수 있는 규모였다. 금액 규모를

정하고 나서 또 하나의 장애가 생겼다.

당시 신한울 3, 4호기 건설을 추진하기 위해서는 산업부로부터 '실시계획' 승인을 받아야 하고, 울진군의 협조도 필요했다. 협약서에 '신한울 3, 4호기 건설에 울진군이 협력한다."는 내용이 필요했으나 울진군은 이를 반대했다.

우여곡절 끝에 '신한울 3, 4호기 건설에 울진군이 협력한다."는 내용을 추가했다. 때마침 정홍원 국무총리의 한울본부 방문 때 사인식을 가지면서 15년간 끌어온 대안 사업의 타결에 의견이 모여 숙원사업이 이루어졌다. 나는 묵직하게 등을 누르던 짐 하나를 풀어 내릴 수 있었다.

2. 원자력 도입과 실상

□ 원자력의 실상

일반인들은 대부분 원자력발전소에 대해 자세히는 모르다가 원자력을 알게 되는 경위도 매스컴을 통해 보고 듣는 것이 전부일 것이다. 원전에 대해 잘못된 정보를 전달해도 그대로 받아들일 수밖에 없는 것도 그 때문이다.

후쿠시마 원전 사고 후 매스컴의 과장, 왜곡된 정보 전달을 자주 발견하곤 한다. 그 때문에 원자력에 대해 무조건 부정적으로 생각하는 사람을 많이 본다. 나는 그럴 때마다 잘못된 것을 바로잡아야겠다는 생각에 애가 탔다.

일선에서 종사했던 사람으로서 우리나라의 원전이 무엇보다 안전하고, 생산원가가 저렴하고 친환경적이며, 세계적인 기술 보유국이라는 사실을 알기 쉽게 알리는 일도 소임이라고 생각한다. 다소 지루할 수 있지만, 원전에 대해 최대한 이해가 쉽도록 정리해 본다. 빠른 이해를 돕기 위해 원자력과 관련된 그림들도 첨부한다.

지구상에는 약 249개 정도의 크고 작은 나라가 있다. 이 중에 유엔에 가입되어 인정을 받는 나라는 193개 나라이다. 그중에 원자력발전소를 운영하는 나라는 겨우 38개 나라뿐이다.

현재 세계에서 442기의 원자로가 운전 중이며, 우리나라에서는 24기가 가동되고 있다. 원자력발전소 건설의 원천기술은 외국에서 도입할 수밖에 없었지만 다양한 길을 연구하고 모색한 결과 설비 용량 면에서 미국, 프랑스, 중국, 러시아, 일본에 이어 세계 6위로 원전 강국에 점점 다가서는 단계. 2009년 12월, UAE 아부다비의 5,600 MW 규모의 원전 건설 수주에 성공함으로써 미국과 프랑스, 캐나다, 러시아, 일본에 이어 여섯 번째 원전 수출국도 되었다.

우리나라는 원자력발전소 건설의 원천기술을 미국에서 도입했다. 기술면에서 완전 자립이냐, 아니냐는 논란이 있을 수 있다. 그러나 원자력처럼 고압, 고열의 극한 조건하에 운전하면서 방사능 누출까지 대비해야 하는 고도의 안전장치가 필요한 플랜트 설비는 실적이 없으면 원자력 기술국에 진입조차 할 수 없다. 원천기술을 도입할 수밖에 없는 상황에서 우리나라가 개발한 가압경수로 'APR 1400'이 미국 원자력규제위원회로부터 2019년 8월 설계 인증을 받았다. 마침내 원자력 설계기술의 위상을 세계에 알렸다고 할 수 있다.

우리나라 원전 운영 기술은 세계에서 인정하는 수준이다. 원전 운영 능력을 한두 개의 지표로 얘기할 수는 없으나 이용률을 기준으로 평가할 수 있다. 2001년 세계 평균 원전 이용률은 78.9%였으나 국내 원전 이용률은 93.2%다. 2011년 후쿠시마 원전 사고 이전까지 90%대를 유지해 세계 평균보다 월등히 높은 수준이었으나, 최근 들어 탈원전정책과 근로시간 단축, 예방정비 기간 증가 등으로 2018년에는 65.9%로 낮아졌다.

　발전소의 설비 용량은 1일 24시간 생산할 수 있는 최대 용량을 말한다. 2018년 우리나라 전체 발전 용량은 116,407 MW이며, 이 중 석탄 36,698 MW(31.53%), 가스 37,353 MW(32.09%), 원자력 22,529 MW(19.35%), 신재생 10,976 MW(9.43%), 수력, 유류 등이 8,851 MW(7.60%)이다. 설비 용량의 증감률을 보면, 2014년 대비 2018년도에는 석탄이 35.74%, 가스가 23.40%, 신재생이 75.87% 증가했으나 원자력은 8.75% 증가에 그쳤고 수력, 유류 등은 1.16% 감소했다.

　발전소의 발전량은 설비의 가동률에 따라 발전량이 달라진다. 2018년 우리나라 총 발전량은 570,646 GW이며 발전원별 구성비를 보면 석탄이 42.38%, 가스가 26.94%, 원자력이 23.40%, 신재생이 4.92%, 수력, 유류 등 기타가 2.37%를 차지한다. 발전원별로 2018년과 2014년의 발전량을 비교해 보면, 석탄이 18.67%, 가스 33.24%, 신재생이 86.24% 증가했으나, 원자력은 14.64% 감소했다.

　후쿠시마 원전 사고 이후, 세계 각국에서 원자력의 비중을 줄이겠다고 입을 모았다. 그러나 지금은 번복하거나 속도 조절을 하는 중이다. 환경문제를 고려해서 석탄의 비중을 줄이겠다는 것은 세계적인 추세다. 그런데 우리나라의 경우는 석탄의 발전량이 2014년 대비 2018년에 18.67% 증가했다. 전기 생산원가가 가장 저렴하고 청정에너지이면서 경제적 파급 효과도 큰 원자력이 -14.64%나 감소했다는 것은 참으로 안타까운 일이 아닐 수 없다. 우리나라 정부와 국민들이 원자력에 대한 실상을 바로 인식하여 최대의 에너지원이 되기를 기대한다.

□ 후쿠시마 원전

　2011년, 일본 동북부지역에서 일어난 진도 9.0 리히트 규모의 대지진은 히로시마 원자폭탄의 2,700배에 해당하는 위력을 몰고 왔다. 지진

여파로 파고 13m가 넘는 해일이 밀려와서 후쿠시마 원전이 폭발했다. 후쿠시마 원전의 방파제 높이는 10m였으니 방파제를 넘는 해일로 비상 전원이 모두 침수되어 원전 폭발로 이어졌다.

하지만 후쿠시마보다 지진 진앙에 더 가까이 있던 오나가와 원전은 후쿠시마 원전보다 5m 더 높은 곳에 자리를 잡아서 지진과 해일의 피해 없이 안전하게 정지됐다. 후쿠시마 원전과 동일한 비등경수로 방식이지만 지금도 건재하다. 후쿠시마 원전도 높은 방파제를 설치했더라면 폭발사고는 일어나지 않았을 것으로 보고됐다.

후쿠시마 일대에서 발생했던 1천여 명의 사망자는 모두 지진과 해일의 피해를 입었다. 원전폭발로 방사선 피해를 입어 사망한 사람은 단 한 명도 없었다. 오나가와 원전 지역주민들은 오히려 인근에서 가장 안전한 오나가와 원전으로 대피했었다.

후쿠시마 원전 폭발사고로 인해 방사선 누출이 국제원자력 사고등급(INES) 중 최고 위험단계인 레벨 7로 분류되었다. 워낙 대형 참사라 그 트라우마는 사고 후 몇 년이 지나도 사람들에게 원자력에 대한 부정적인 면으로 떠올랐다. 일본 식품만 봐도 손사래 칠 정도가 됐다.

"일본이 부강하고 기술력이 좋은데도 원전 사고가 났잖아요. 한국 원전은 일본에 비해 7년이나 늦게 상업 운전했는데 괜찮겠어요?"

내가 한울원자력본부장 재임 기간 중에 만난 군민들이나 지인들이 가장 자주 하던 질문이었다. 나는 우리나라 원자력이 안전하지 않다는 사람들의 인식을 바꾸어 주기 위해 발 벗고 나서기로 결심했다. 원자력 발전소의 안전을 이해하려면 먼저 발전 원리와 안전관리 체계부터 알아야 한다.

☐ **원자력 발전 원리**

원자력 발전과 화력발전은 증기로 터빈을 돌려서 전기를 만들어낸

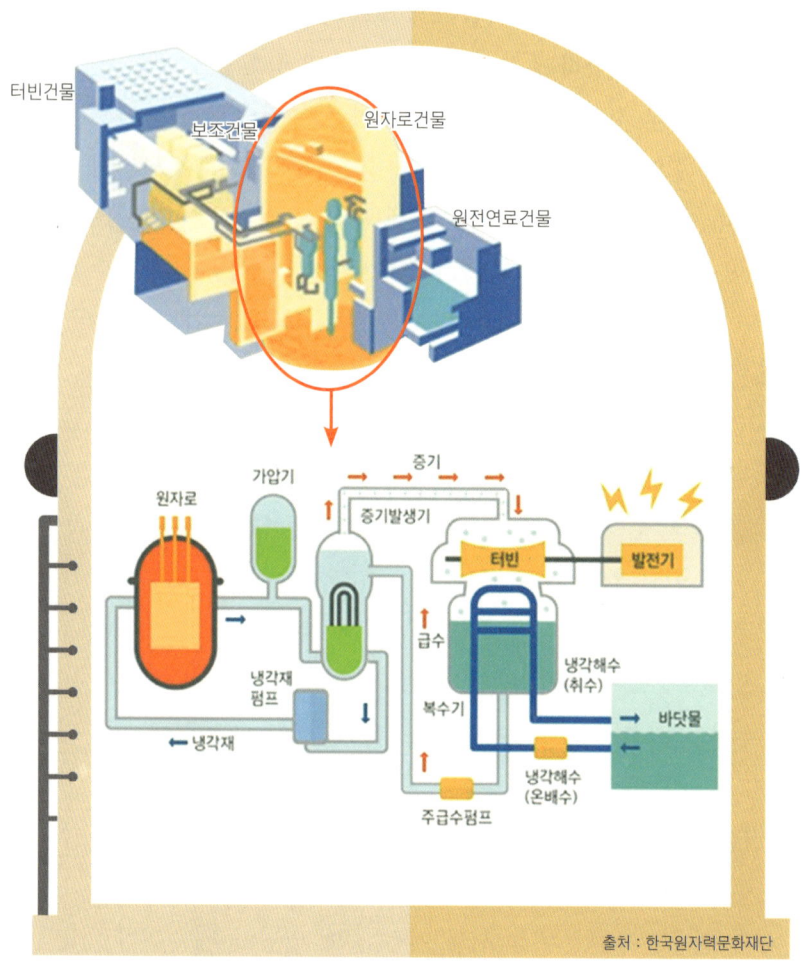

그림 1. ≫ 원자력 발전의 원리(원자로 건물 내부)

다. 단지 증기를 만들어내는 연료의 차이가 있고 과정이 다를 뿐이다. 화력발전은 석탄이나 석유, LNG 가스를 태워서 물을 끓여 증기를 만들어내지만, 원자력 발전은 우라늄의 핵분열로 생기는 뜨거운 열로 물을 끓여서 증기를 만들고 증기가 터빈을 돌려 전기를 생산한다.

핵분열을 일으키는 우라늄-235는 농축 정도에 따라서 용도가 다르다. 저농축 우라늄(u-235:2~5%)과 고농축 우라늄(u-235:97%)으로 나누어진다. 저농축 우라늄은 원자력 발전소에서 전기를 생산하는 데 쓰이고, 고농축 우라늄은 원자폭탄을 만드는 데 쓰인다.

한국 원전은 가압경수로 방식으로 전기를 생산한다. 원자로(爐) 속에서 우라늄이 핵분열 반응을 일으키면 뜨거운 열이 발생하는데, 이 열로 인해 밀폐된 파이프로 지나가는 물(1차 측 냉각수)이 330°C로 데워진다. 후쿠시마 원전 방식인 비등경수로형에는 없고 우리나라 원전방식인 가압경수로형에만 있는 가압기에 의해 끓는 물이 증기로 되지 않고 액체 상태로 증기발생기 속의 파이프를 지나간다. 파이프 속의 물이 증기발생기 속의 물(2차 측 냉각수)을 끓여 증기를 발생시킨다. 이 증기가 터빈을 돌려 마침내 전기를 생산하는 것이다. 증기발생기에서 2차 냉각수를 끓인 1차 냉각수는 다시 원자로에 돌아가 처음의 과정을 반복한다. 원자로에서 가열되는 1차 냉각수는 터빈을 돌리는 일 없이 원자로와 증기발생기를 순환만 할 뿐이다.

반면 증기발생기와 터빈을 순환하는 2차 냉각수는 증기가 되어 터빈을 돌린 후 복수기에 유입된다. 여기서 냉매인 바닷물에 의해 물이 되고 다시 증기발생기로 흘러가서 증기가 되는 순환을 반복한다. 복수기를 통과하는 바닷물도 별도의 파이프 속을 지나기 때문에 2차 냉각수와는 섞이지 않는다. 복수기를 지나는 냉각수(차가운 바닷물)의 경우, 2개 호기(한울 1, 2호기)에 필요한 양이 초당 50~60톤이 필요하기 때문에 바닷물을 이용할 수밖에 없다. 우리나라 원자력발전소가 울진을 비롯해 월성, 고리, 영광 등 바닷가에 위치할 수밖에 없는 이유이다.

그림 1에서 보다시피 가압기, 증기발생기, 원자로 용기 등이 배치된 보조 건물과 고압 터빈, 저압 터빈, 발전기 등이 배치된 터빈 건물, 사용 후의 연료 저장조와 신연료 저장조가 있는 원전 연료 건물로 구성돼 있다.

□ **안전한 가압경수로 방식**

　우리나라 원전은 방사선 누출 방지를 위해 가압경수로 방식을 채택하고 있다. 가압경수로 방식은 가압기를 이용하여 간접적으로 증기를 생산하기 때문에 직접 증기를 생산하는 비등경수로 방식에 비해 투자비가 많이 든다. 하지만 한국은 방사선 누출 방지를 위해 가압경수로 방식을 채택하고 있다. 한국형 표준가압경수로와 비등경수로를 간단히 비교해 보면 다음과 같다.

　우선 한국형 표준가압경수로는 앞서 발전 원리서 설명했듯이 가압기에 의한 간접 증기 생산 방식으로 원자로 건물 외부의 연결 파이프가 손상되어 증기가 샌다고 할지라도 방사선 누출은 되지 않는다. 반면 후쿠시마 원자력발전소는 비등경수로 방식이다. 원자로 내에서 발생한 수증기로 터빈을 회전시켜 전기를 생산함으로써 터빈과 복수기로 연결되는 2차 측 계통 파이프 손상 때도 방사선이 누출될 가능성이 있다.

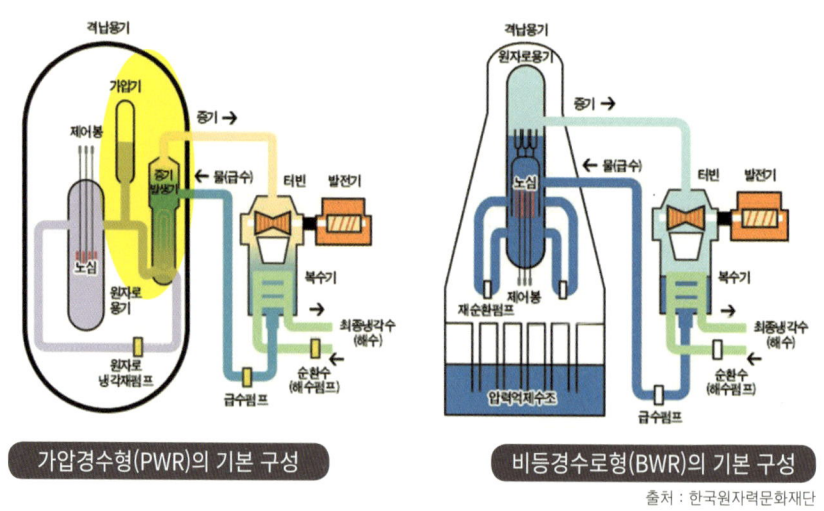

그림 2. ≫ 가압경수형(PWR)과 비등경수로형(BWR) 원전 비교

또한 우리나라 원자로 격납건물의 방호벽은 두께가 120cm이다. 사용 철근 양을 대폭 증가시켜 강도를 높이고 방사선 누출 방지를 위해 내벽에는 6mm의 철판을 부착했다. 시속 800km 속도의 비행기가 충돌하는 시험에서 비행기는 완전히 부서지지만 원자로 격납건물은 약간의 흠집만 날 정도로 견고하다.

한국형 표준원전은 최악의 사고로 수소 발생 때 대처 시간에 여유를 가지기 위해 일본 후쿠시마 발전소 격납건물의 체적 15,400m^3보다 약 5배 규모인 77,000m^3이다.

격납건물 내부에서 수소 발생 때 피동형 수소재결합기나 수소점화기를 이용해 수소 제거가 가능하다. 또한 다중안전 시스템을 적용해 중대 사고로 인한 최대 수소량 발생 때도 격납 건물에서 전체적인 수소 폭발이 일어날 수 없는 조건으로 설계되었다.

☐ 심층방어체계가 적용된 한국표준형

우리나라 원자력발전소는 안전을 위해 원전 설계부터 심층방어체계가 반영되어 건설에 적용된다. 심층방어란 이상 상태의 발생을 최대한 방지하되 만약의 경우 이상 상태가 발생하면 최대한 확대를 억제시킨다.

우리나라 원자력발전소는 만에 하나 최악의 사고 발생 때를 대비해 설계하고 건축했다. 방사성 물질에서 나오는 방사선을 원자로 건물 내에 완벽하게 가두어 주변환경과 인명피해가 없도록 5중 방호벽이 설치되어 있는데 그림 3(다음 쪽)은 이를 자세히 보여주고 있다.

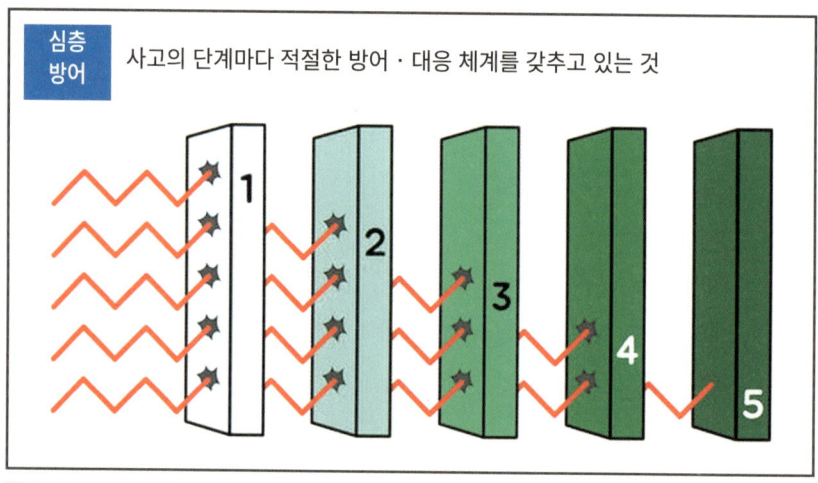

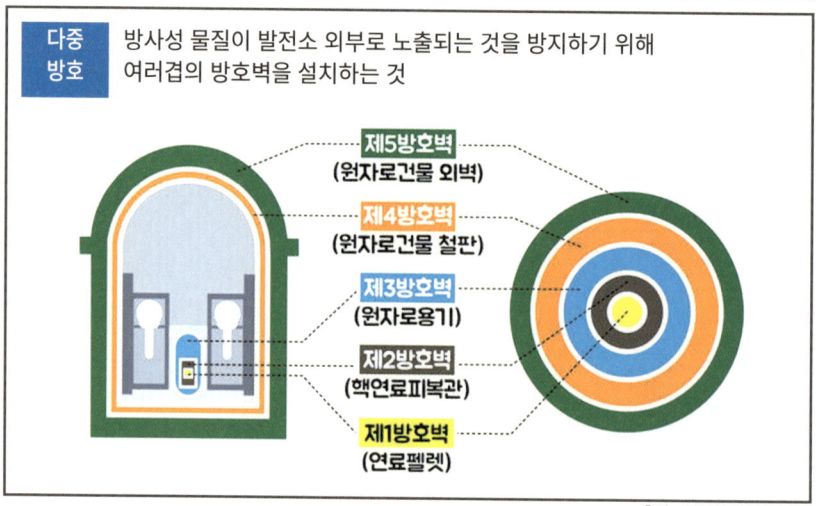

출처 : 한국원자력문화재단

그림 3. ≫ 심층방어와 다중방호

① 1방호벽(연료 펠렛): 핵 분열시 생기는 방사선 물질 1차 밀폐
② 2방호벽(연료 피복관): 열, 방사선에 강한 지르코늄 합금
③ 3방호벽(원자로 용기): 20~25cm의 강철로 된 원자로 용기
④ 4방호벽(내부 철판): 6mm 두께의 건물 내부 철판
⑤ 5방호벽(원자로 건물 외벽): 120cm 두께의 철근콘크리트

우리나라가 가압경수로형을 채택한 이유는 초기에 투자비가 많이 들어가더라도 최악의 사고에 대비해 5방호벽인 원자로 격납건물 밖으로 방사선 누출이 되지 않도록 심층방어체계를 구축해 주변환경과 인명피해가 없도록 하기 위해서였다.

□ 영화 '판도라'와 안전

영화 '판도라'의 기술적 오류

2016년에 개봉된 영화 '판도라'는 원전 사고에 포커스를 맞추었다. 나는 이 영화를 보면서 문득 군대 시절의 GOP 근무 시절이 떠올랐다. 내가 입대할 당시인 1979년도는 대한민국 국민이라면 막연히 전쟁의 불안감을 가지고 있었다. 이북에서 뚫고 내려온 땅굴이 남쪽에서 다수 발견되었고 땅굴에 대한 국민적 관심이 높을 때였다.

야간 순찰을 할 때면 멀리 이북에서 탱크 이동 소리가 들렸다. '자라 보고 놀란 가슴 솥뚜껑 보고도 놀란다'고, 탱크 소리에도 혹시 땅굴 파는 것을 위장하고 있는지 의심하기도 했다. 귀를 땅에 바짝 대고 한참 동안 소리를 들어 보기도 했다.

이상했던 것은 전쟁에 대한 막연한 걱정이 군에 오기 전보다 덜했다. 후방에서는 이곳의 상황을 알 수 없으니 언제 전쟁을 겪을지 불안했다. 그러나 최전방에서 진짜 실탄을 들고 근무를 해보면 당장은 전쟁이 일어나지 않겠다는 확신이 들었다. 눈만 뜨면 비무장지대를 순찰하는데, 평온하게 우거진 갈대와 고목들을 바라보면서 대처 상황이 그저 안타까울 뿐이었다.

영화 '판도라'를 보면서도 마찬가지 느낌이었다. 영화는 영화일 뿐, 적어도 내가 아는 한 그런 재앙은 일어나지 않는다고 확신한다. 원자력 사고에 대한 불안보다는 내 고향 울진을 원자력 산업 도시로 우뚝 세워야겠다는 꿈이 더욱 확고해졌다.

영화 '판도라'는 수명이 40년 된 원자력발전소 한별 1호기가 배경이다. 진도 6.1 리히트의 지진이 발생해 원자력발전소의 노심용해(meltdown)로 폭발사고가 나는 이야기다. 규모 6.1의 지진으로 냉각재 밸브에 균열이 발생하면서 문제의 사고가 시작됐다.

우리나라의 원전 내진 설계를 말하자면 한국표준형 원전(OPR1000)은 지진 강도 6.5(0.2g), 한국형 신형원전(APR1400)은 지진 강도 7.0(0.3g)을 기준으로 설계되었기 때문에 강도 6.1의 지진으로 주배관이 끊어지는 사고는 결코 발생하지 않는다.

원자력발전소 내진 설계기준은 다음과 같다. 원전 부지 반경 320km 이내의 역사지진과 계기지진, 육·해상 단층을 조사하여 최대지진값을 산정하고 안전 여유도를 더해 내진 설계 값을 정한다. 우리나라에서 일어날 수 있는 지진의 최대 규모인 6.5의 강진이 원자로 건물 바로 아래에서 일어나도 견딜 수 있도록 설계되었다.

원전에 들어가는 주요 기기도 역시 6.5의 강진에 견딜 수 있는지 점검을 거쳤다. 특히 핵증기공급계통(NSSS:Nuclear Steam Supply System) 등 주요 구조물은 진도 7.2(0.4g)에서도 견딜 수 있도록 설계되었기 때문에 6.1의 지진에 주배관이 끊어지지는 않는다.

(자료: Automic Wiki, 영화 '판도라'의 기술적 오류, 2019년 8월 11일)

삼성에 근무할 당시, 거의 완공되어가는 세계 최고층 건물 버즈칼리파 현장을 방문한 적이 있다. 입사 동기이자 ROTC 동기인 백성진 부사장이 버즈칼리파 프로젝트를 포함해 관련 사업 전체를 관장하는 사업부장을 맡고 있어 사우디의 현장 소장의 안내로 전망대 위치까지 올라가 볼 수 있었다.

버즈칼리파는 두바이의 에마르이가 시행사이고, 한국의 삼성물산이 시공사로 참여했다. 사흘에 한 층씩 짓는 최단 공기(工期) 수행으로 세계의 시선을 끌었던 건물이다. 초고층 건물이 바람이나 지진에 견디는 방법으로, 갈대처럼 부드럽게 휘어지면서 견딜 수 있도록 설계했다. 일반 아파트용 콘크리트의 3배에 달하는 초고강도 콘크리트 사용과 위성위치확인시스템(GPS)을 이용한 측량은 세계인들을 놀라게 했다.

삼성중공업의 경우도 해양구조물 현장 설치 때 파도에 흔들리는 바다 한가운데서 GPS를 이용한다. 그러나 원자력발전소는 아예 이러한 흔들림이 없도록 견고하게 설계해야만 한다. 지진의 진동으로 흔들리더라도 원자로와 내부 기기, 배관에 문제가 생기지 않도록 하기 위해서이다. 원자력발전소는 일반 건물에 비해 벽과 기둥을 콘크리트로 두껍게 만들고 철근도 대량으로 넣어 진동에 견디도록 짓는다. 재료의 이음 부분이 한 덩어리처럼 단단하게 붙을 수 있도록 철근콘크리트 구조로 한다. 원자력발전소의 입지 조건은 까다로운 조건 하에 신중하게 결정하고 1m2당 700톤의 무게를 견딜 수 있는 단단한 암반 위에 짓는다. 신한울 1, 2호기와 버즈칼리파를 건축하는데 들어가는 철근과 콘크리트 사용량을 비교해 보면 다음과 같다.

표 1.≫

구 분	건설 단가	철근 사용량	콘크리트 사용량
신 한울 1, 2호기	3조5천억/기	15만 톤	100만㎥
버즈칼리파	1조5천억	20만 톤	35만㎥

(자료: 한수원 홍보 자료)

한국의 원자력발전소는 지진과 쓰나미에 대비해서 바닷가 암반 위에 수면으로부터 대개 10m 이상 높이 짓는다. 고리원전은 수면에서 7.5m 높이의 해안 방벽을 설치하였으나 후쿠시마 원전 사고 이후 해안 방벽을 10m로 증축했다. 후쿠시마에서는 진도 9.0의 대지진으로 외부 전원이 차단됐으나 쓰나미가 덮치기 전인 약 50분 동안은 자체 디젤발전기를 포함한 비상냉각계통이 작동해 원자로 냉각이 잘되고 있었다. 진도 9.0의 지진에도 문제가 없었다는 뜻이다. 쓰나미 이후 디젤발전기 침수로 전력 공급이 중단된 것이 사고 확대의 주요인이었다.

냉각재 상실시 안전장치

영화에서는 지진으로 배관이 막히고 주배관 파열로 냉각재 상실 사고(loss of coolant accident)가 발생했다. 나는 반문한다. 어떻게 그런 일이 가능하다는 말인가? 그런 사고가 일어나면 우선 원자로 비상정지 시스템(Safety Control Rod Axe Man)이 발동돼서 연쇄반응을 중지시키고, 안전주입탱크로부터 자동으로 냉각수가 공급된다. 냉각수의 붕산수 작용으로 원자로 정지 후 방출되는 중성자를 흡수하여 원자로를 미임계 상태로 유지해 준다. 안전주입탱크의 냉각수가 소진되면 대용량 연료재장전수탱크로부터 냉각수를 공급받아 비상 냉각수를 계속 공급할 수 있는 안전장치가 되어 있다. 이 냉각수마저 고갈되면 재순환 작동 신호가 켜진다. 이때는 배관으로 흘러나와 바닥에 고인 냉각수를 모아서 다시 공급하게 함으로써 장시간 냉각기능을 유지하게 된다.

수소 폭발에 대해

영화 '판도라'에서는 VENT 밸브를 열어서 수소가스를 배출하려 했다. 밸브가 열리지 않아 수동으로 VENT를 열려다가 실패해 끔찍한 사고가 터졌다. 굳이 가능성이 희박한 상황을 연출하여 방사능 유출을 보여주는 원인이 무엇인지 백배 양보한다 해도 납득이 가지 않는 부분이다. 앞에서 설명한 대로 한국의 가압경수로 격납 건물은 일본 후쿠시마의 비등경수로보다 건물 체적이 5배나 되어 대처 시간에 여유가 있고, 피동형 수소결합기나 수소점화기를 이용한 수소 제거가 가능하기 때문에 VENT를 열 필요도 없다.

우리나라 원전은 다중안전시스템을 구축하고 있다. 중대한 사고로 인한 최대의 수소 발생량을 가정해도 평균 농도가 격납건물에서 전체적인 수소 폭발이 일어날 수 있는 조건에 도달할 수 없도록 설계했다. 중대 사고로 압력이 증가해도 대형 파손 이전에 수소가 누출돼 압력이 낮아지게 되어있다. (자료:Atomic Wiki, 영화 '판도라'의 기술적 오류)

계획예방정비

영화에서 원전의 밸브 3만 개, 배관 170km가 40년이 지나면 부식된다고 했다. 그래서 파악할 수 없는 지경이 된다며 다가올 사고를 암시했는데, 터무니없는 이야기라고 본다. 우리나라 원전의 밸브, 배관을 포함한 발전소 전체 설비는 식별이 가능한 고유번호와 설비들의 도면을 가지고 있다. 발전소 전체 설비에 대해서 안전, 비안전, 설비 중요도에 등급을 매기고 정비, 교체, 점검해 지속적인 설비 건전성을 유지, 확인하고 있다. 그에 따른 연료 교체 주기에 맞춰 18개월마다 발전소 정지상태에서 계획예방정비를 실시한다. 특히 영화에서 문제가 된 밸브와 배관이 실제로는 원자력안전위원회 고시와 기준에 따라 주기적인 성능시험과 가동 중에 검사를 한다. 배관감육[1]관리 프로그램을 통해서도 중장기 설비 건전성을 확인한다.

또 한 가지, 영화에서는 방사선 누출 비상사태 때 정부에서 아무런 대응책이 없다고 했다. 인적, 자연재해 요소도 상당 부분 사고를 키운 원인으로 고조시켰다. 우리나라의 원전은 설계, 건설, 운전 등 전 단계에 걸쳐 안전을 최우선으로 한다. 그동안의 운전 결과를 보더라도 기술적으로나 구조적으로 안전성이 입증되고 있다. 그림 4(다음 쪽)에서 보

---

1) 배관감육 : 고온, 고압, 고속의 유체 사이에 작용하는 물리적, 전기화학적인 영향으로 배관 두께가 얇아지는 현상

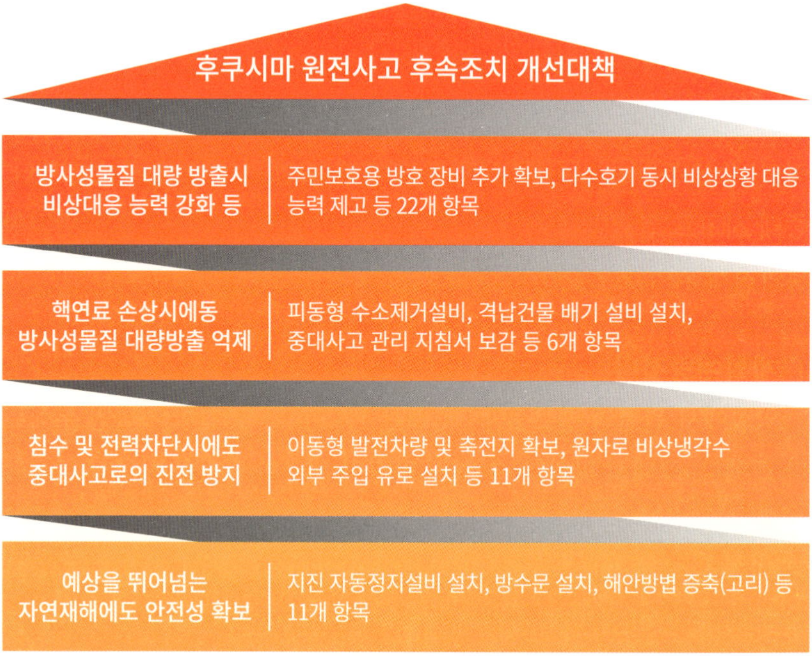

```
┌─────────────────────────────────────────────┐
│        후쿠시마 원전사고 후속조치 개선대책         │
└─────────────────────────────────────────────┘

| 방사성물질 대량 방출시  | 주민보호용 방호 장비 추가 확보, 다수호기 동시 비상상황 대응 |
| 비상대응 능력 강화 등   | 능력 제고 등 22개 항목 |

| 핵연료 손상시에도     | 피동형 수소제거설비, 격납건물 배기 설비 설치, |
| 방사성물질 대량방출 억제 | 중대사고 관리 지침서 보감 등 6개 항목 |

| 침수 및 전력차단시에도  | 이동형 발전차량 및 축전지 확보, 원자로 비상냉각수 |
| 중대사고로의 진전 방지  | 외부 주입 유로 설치 등 11개 항목 |

| 예상을 뛰어넘는      | 지진 자동정지설비 설치, 방수문 설치, 해안방벽 증축(고리) 등 |
| 자연재해에도 안전성 확보 | 11개 항목 |

그림 4. ≫ 후쿠시마 원전 사고 후속 조치 개선 대책

여주듯이 후쿠시마 사고를 반면교사로 삼아 다양한 안전설비를 추가로 보강하고 다중 방호 시스템을 갖추었다.

□ 원자력 발전의 안전관리 체계

삼각체재의 안전관리

우리나라는 정부가 꾸준히 새로운 원전 안전정책을 만들어 운영하고 있다. 일본은 민간기업인 도쿄전력이 원자력발전소를 운영하지만 우리나라는 국영기업인 한수원이 운영한다. 우리나라 원자력 안전관리 체계는 사업자인 한수원과 정부, 규제 전문기관인 한국원자력안전기술원(KINS)이 기능별, 단계별로 역할을 분담해 안전을 종합적으로 확인하
```

는 삼각체제로 관리한다.

　원자력발전소 안전의 책임은 사업자인 한수원이 맡고 있다. 한수원은 원전 현장에서 실무적인 안전관리 활동을 하며 정부는 관계 법령을 통해 원전 운영에 따른 제반 안전 요건과 지침을 제시한다. 설계, 제작, 시공, 운전 등의 과정에서 각종 인허가 심사와 검사를 통해 시설의 종합적인 안전성을 확인한다. 정부의 안전관리 활동 중 기술적으로 전문지식이 요구되는 부분은 한국원자력안전기술원에 위탁돼 수행된다.

　안전을 위해 소요되는 막대한 비용의 조달과 의사 결정은 국영기업이 훨씬 더 원활하게 추진할 수 있다. 안전관리 운영체계도 일원화된 민간기업보다 삼각체제에 의해 상호견제를 하게 되면 원전의 안전은 더욱더 쉽게 보장된다.

방사능 방재 대책

　만일의 방사능 사고에 대비하기 위해 정부는 국가 차원의 방사능 방재대책 계획을 수립했다. 원자력 사업자인 한수원은 원자력 시설 등의 방호와 방사능 방재대책 계획에 따라 원전 부지별로 방사능 비상계획과 수행 절차를 수립해 운영한다. 이상 상태가 확대되어 큰 사고로 진전될 때는 그 영향을 최소화하고, 주변 주민을 보호하도록 사고의 단계마다 적절한 방어체계를 구동한다는 뜻이다.

　이상 상태 방지 수단으로는 시설들에 대해 충분한 설계 여유도를 갖도록 했다. 안전 관련 중요 설비는 고장에 대비해 설비도 다중으로 갖추었다. 이 때문에 이상 상태 발생 가능성은 매우 희박하다.

　기기 고장이나 운전원 실수가 겹쳐 이상 상태가 발생할 경우 원자로 보호 설비가 자동으로 감지한다. 원자로를 안전하게 정지시켜 원전 연료 손상 등의 중대 사고로 진전되는 것을 방지해 준다. 그럼에도 불구하고 만에 하나 중대한 사고가 발생하거나 발생 가능성이 있을 경우, 비상

노심냉각 장치와 원자로 건물 등 안전설비 사고의 진전을 완화하고 방사성 물질이 주변 환경으로 누출되는 것을 방지하도록 설계돼 있다.

이 같은 안전설비의 특성은 결국 초기 건설과 운용에도 막대한 비용이 소요된다. 원자력발전소에서 결코 중대 사고가 나서는 안 된다. 철저하게 안전이 고려되어야 하므로 과도할 정도로 투자가 필요하다. 우리나라에 원자력발전소 운영은 모든 것이 안전 우선 기준으로 운영되고 있으며, 사업자 주도라기보다 정부, 규제기관이 기능별, 단계별로 역할을 해 안전성을 종합적으로 확인하는 삼각체제를 갖추고 안전에 관한 한 정부가 주도한다.

후쿠시마 원자력발전소를 운영하던 도쿄전력 홀딩스는 1951년에 창립된 일본의 민영전력회사였으나 후쿠시마 사고 후에는 천문학적인 배상 규모를 감당하지 못해 대부분이 국가에 이관되어 2012년에 국유화됐고, 2016년에는 지주회사인 도쿄전력 홀딩스까지도 국유화됐다.

원전 방사능 비상계획에는 여러 체계로 짜임새 있게 대비하고 있다. 비상 대응 조직과 임무, 비상 구분과 비상 발령기준, 사고 초기의 비상조치, 주민 보호조치를 위한 권고, 유관 기관과의 협조와 지원 체계, 방사능 방재 훈련과 교육에 관한 사항 등이 포함돼 있다. 또한 방사능 비상대응 때 원활한 사태수습과 복구를 위해 방사능 재난 대응시설과 전담조직을 설치, 운영한다.

우리나라의 방사능 방재대책 체계는 이렇게 운영되고 있다. 중앙방사능방재대책본부장(원자력안전위원회 위원장)의 지휘하에 현장 방사능방재지휘센터, 지역방사능방재대책본부, 원전비상대책본부가 사고수습과 주민 보호조치를 1차로 수행한다. 현장 방사능방재지휘센터에는 관계 중앙행정기관, 지방자치단체, 지정기관으로 합동 방재 대책협의회가 구성되고, 방사능 재난 등에 대한 정확하고 일관성 있는 정보를 제공하기 위해 연합정보센터가 설치, 운영된다.

방사능 방재 훈련은 원자력안전위원회가 관련 중앙 행정기관과 함께 해마다 실시한다. 연합훈련, 원전 관할 지방자치단체장이 지정기관, 한수원과 함께 실시하는 합동훈련, 한수원 자체 훈련인 전체 훈련과 부분 훈련으로 구분돼 있다. 합동훈련은 부지별로 2년에 1회, 전체 훈련은 발전소별로 매년 1회, 부분 훈련은 발전소별로 매 분기에 1회 실시하고 있다.(자료 : 2016, 원자력 발전 백서)

　원자력발전소에 대한 자료는 워낙 방대해 논하기 어렵다. 하지만 영화 '판도라'에서 일어난 참사의 오류를 그냥 지나칠 수 없어서 진실을 밝힌다. 그 어떤 에너지원보다 효율적이고 경제적인 우리나라 원전의 안전성을 애국시민의 한 사람으로서 확인해 주고 싶다. 영화 '판도라' 중 가장 마음에 와닿는 부분이 있다. 발전소를 바라보며 뛰어놀던 아이들 가운데 등장인물 민재의 외침이다.

　"저 발전소에는 엄청시럽게 큰 밥솥이 있는데, 그걸로 물을 끓이가 전기를 만든다. 저 밥솥 땜에 우리가 호강하고 있다. 우리나라는 부자나라가 될 기라. 억수로 고마운 밥솥이다."

　영화의 이 한 장면이 원전을 대변하고 있어 천군만마를 얻은 듯 가슴이 뭉클했다. 온 국민이 민재와 같은 마음이 되어서 원자력발전소가 계속 고마운 밥솥이 되기를 기대한다.

□ 사고 수습은 원인이 밝혀질 때까지

　설을 앞둔 2014년 1월 29일이었다. 한울원자력본부장으로 취임한 지 38일째 되는 날 새벽 4시경, 5호기가 불시 정지되었다는 연락이 왔다. 순간 이것이 원자력발전소구나 하는 생각이 들었다. 서둘러서 회사로 갔다. 소장과 주요 간부들을 불러 내용을 파악해 보았지만 정지 원인이 밝혀지지 않았다. 다행인 것은 원자력발전소가 안전하게 정지된 것이다. 고장이 나서 가동되지는 않지만 방사능 누출은 발생하지 않았다. 일반인들은 원자력발전소가 정지되면 방사능 누출 우려를 가장 먼저 생각하지만 안전하게 정지된 상태에서는 사실상 방사능 누출이 가장 적다. 나는 설 연휴에 회사에서 머물기도 했다. 현장을 꼼꼼하게 확인하면서 원인을 분석했다. 수시로 발전소에 들러서 원인을 찾아내려고 안간힘을 쓰는 직원들을 격려했다. 그 얼마 뒤 고장 원인이 밝혀졌다. 연료 제어봉을 제어하는 카드에 이상이 있었다. 가정에 전기 퓨즈가 나가 정전되는 것과 같은 원리다.

일반 공장의 경우 제어카드를 교체해 다시 전기가 들어오면 공장을 가동한다. 하지만 원자력발전소는 제어카드에 왜 이상이 생겼는지, 그 원인이 밝혀져야만 다시 가동할 수 있다. 다각도로 추적을 했으나 카드의 이상을 알 수 없었다. 카드 제작사를 방문해도 원인을 알 수 없었다. 다시 며칠간의 시간이 지나고 여러 가지로 추적 끝에 원인이 밝혀졌다. 카드 제작 때 내부에 미세먼지 같은 것이 들어가서 전기가 일정하게 흐르지 못하기 때문이었다. 이같이 원자력발전소는 정지를 비롯해 다른 이상이 발생하면 고장에 대한 수리가 끝나도 끝나는 게 아니다. 반드시 어떤 이유로 사고가 생긴 것인지 밝혀내야 사고처리가 완료된다. 그렇게 애써서 문제를 해결하고 방법을 찾아왔기에 눈만 뜨면 원자력과 함께하는 직원들은 원전의 안전함을 충분히 알고 있다.

☐ 왜 원자력이 필요한가

에너지 자립

우리나라는 원자력발전소의 이용이 여러모로 유용하다. 세계에서 손꼽히는 기술 보유국이며 안전한 설비도 가졌다. 과거의 지도자들이 원자력을 선택한 것은 자원 빈국에서 잘살기 위한 최선의 선택이었다. 에너지원 조달이 외국에만 의존되면 환경의 변화에 대처하지 못하고 에너지 비용에 대해 조절능력을 가질 수 없다.

우리나라도 1, 2차 오일쇼크와 외환위기로 인해 IMF로부터 자금 지원까지 받았다. 오죽 대처 방법이 없었으면 애국심에 호소하는 금 모으기 운동을 했을까. 국가 경제에서 에너지원 수입 비용이 차지하는 부분은 상당하다. 2018년의 경우 1,451억 달러에 달했는데 총 경상수입 5,136억 달러의 28%를 차지한다. 탈원전정책으로 인해 원자력발전소의 가동률이 낮아질수록 화력발전소에 대한 의존이 높아질 수밖에 없다. 연료 수입에 막대한 외화를 사용하다 보니 수출·입 면에서 수익성이 떨어지는 구조로 고착화돼 간다. 따라서 외화지출이 늘어나고 나라 전체의 경상수지는 절망감을 안겨주게 된다.

전기를 생산하려면 원자력 외에는 오일, 가스, 석탄 등을 쓴다. 이 자원들은 수입에 의존하기 때문에 전기 생산 단가의 60~70%가 외화로 지출된다. 기업들이 '죽기살기'로 벌어온 외화가 에너지 수입 비용으로 대부분 다시 유출될 것을 한동안 원자력발전소가 막아 주었다.

국제적 기후 협약

조 바이든 미국 대통령이 취임식 직후 파리기후변화협약에 복귀하는 행정명령에 서명했으며, 2050년 탄소중립을 선언했다. 기후 변화 전쟁에 다시 뛰어든 미국의 귀환을 계기로 탄소중립을 목표로 한 세계 각국의 움직임도 빨라질 수밖에 없다. 가장 적극적으로 탄소중립을 추진 중인 EU는 핀란드 2035년, 스웨덴 2045년, 독일, 프랑스, 덴마크는 2050년에 탄소중립을 목표로 추진 중이다. 한국과 일본도 2050년까지 탄소중립을 목표로 정했다.

최근 정부가 2021년부터 2025년까지 온실가스를 배출하는 기업에 배출 한도를 할당했다. 국제사회에서 약속한 2030년까지의 감축 목표를 달성하기 위해 수립한 로드맵을 기준으로 산출했다. 685개 업체가 연평균 온실가스 배출 허용 총량은 6억970만 톤으로 정해졌는데, 2019년의 배출량은 7억280만 톤이었다.

2021년부터 3년 평균 6억970만 톤을 유지하려면 엄청난 생산 감축이 따라야 하며 허용 총량의 목표를 달성하려면 기업들의 경쟁력 약화는 기정사실이다. 발전 분야의 온실가스 배출량은 원자력 대비 석탄이 100배, LNG는 50배, 태양광은 4배나 배출된다. 정부가 이 목표를 달성하기 위해서라도 원자력으로 해답을 찾을 수밖에 없다.

경제 발전을 위한 원칙은 간단하다. 나라 밖에서 벌어오는 수입이 나라 밖으로 나가는 지출보다 많아야 하고, 수입이 지출보다 많을수록 국민소득, 국민총생산과 같은 국민 경제의 기본적 지표가 높아진다. 하지만 우리나라는 수출할 자원도 없고, 오로지 기업들의 상품 수출에 의존해야 한다. 한때 우리나리는 머리카락을 잘라 가발을 수출하고 독일에 간호사와 광부 파견, 월남전 파병까지 하면서 외화를 벌어들였던 시절도 있었다. 다행히 삼성을 비롯한 대기업과 기업인들의 노력으로 조선, 자동차, 철강, 반도체 등의 사업이 경쟁력을 확보하면서 우리나라 경제도 꾸준히 성장했다. 그러나 이마저도 지금은 환율 인상, 급격한 임금 인상 등 국내 기업 환경 악화로 경제 성장 폭이 약화됐다. 게다가 온실가스 배출 기업의 배출 한도를 할당 목표를 달성하려면 비용이 늘어나고 생산원가가 올라가 수익성이 떨어지는 것은 불을 보듯 훤한 이치다.

세계적으로 인정받은 원자력 기술

우리나라의 원자력 기술은 세계 일류 기업들도 따라올 수 없는 수준이다. 수출을 통해 세계적으로 인정받았다. 물론 기업들의 노력도 있었지만 정책적 뒷받침 없이는 불가능한 일이다. 원자력발전소 건설 기술은 일개 기업이 보유하기에는 경제성 논리에 맞지 않는다. 전 세계의 발주 물량에 비해 기술개발과 유지비용이 너무 크기 때문이다. 발전설비 일원화 등 정부의 기술 개발을 위한 제도적 뒷받침과 여기에 참여한 기업들의 노력, 사업에 참여하지 못한 기업들의 희생이 있었기 때문에 세계 일류 기업들도 따라올 수 없는 독자적 기술을 확보하게 됐다.

자원이 없는 우리나라 입장에서 선택할 수밖에 없었던 것이 원자력이다. 과거 지도자들이 결단해서 우리나라 발전량의 30%나 차지하도록 성장시켜 왔다. 세계 일류 기업들도 따라올 수 없는 기술력을 천신만고 끝에 확보하고서도 앞으로 사업 기회를 잃어버린다는 것은 너무나 안타까운 일이다.

'2019 미래 에너지 포럼'이 한국에서 열렸다. 포럼에 참석차 방한한 아그네타 리징(Agneta Rising) 세계원자력협회 사무총장이 한 언론사와 인터뷰에서 했던 말이 가히 충격적이다. 한마디로 현재 한국 원전 상황의 모순을 가슴 서늘하게 꼬집었다.

"국내에서는 원전을 폐쇄하면서 해외로 원전 수출을 성공한 사례는 못 봤습니다."

원전은 건설 기간 10년에 운전 기간 60년, 폐로 기간이 평균 10년 이상 걸리는 백년대계의 프로젝트다. 원전을 도입하는 나라와 장기 거래를 염두에 두는 것은 자명한 일이다. 원전 건설을 맡기는 국가 입장에서는 수주국의 지속적인 관리를 무엇보다 우선으로 생각한다. 국내에는 원전을 짓지 않으면서 해외에 원전을 수출한다는 모순은 리스크의 요인이 될 수밖에 없다. 더구나 가동 중인 원전의 안전에도 영향을 미칠 뿐 아니라 향후 기술개발이 불가피한 사용 후 핵연료 처리와 폐로에 대한 해체 문제도 우려하지 않을 수 없다.

미국을 비롯한 선진국들이 오늘날 대규모 석유화학단지, 마이닝 등 대형 플랜트 건설에서 경쟁력을 보유하고 있는 것은 고도의 기술집약 산업으로 신규 진입 장벽이 높기 때문이다.

원자력발전소는 고도의 핵심기본설계기술, 핵심부품제작기술, 각종 엔지니어링의 조화, 시공기술, 거기에다 발전소 운영기술까지 있어 국가 경제와 기존 원자력발전소의 안전을 위해 원자력 산업은 적극적으로 육성돼야 한다.

스웨덴도 국내에 원전을 지속적으로 건설하지 않아 공급망이 붕괴됐고, 결국 수출할 수 없게 되자 국민 대부분이 다시 원전 건설을 지지한다는 소식이 들려온다.

가장 저렴한 발전 단가

우리나라의 전기는 한국전력이 발전소들로부터 전기를 사들이고 다시 전기 소비처로 보내는 방식으로 공급된다. 한국전력이 발전소로부터 전기를 매입하는 단가는 원자력이 60원/kW, 석탄이 90원/kW, 가스가 155원/kW, 신재생이 약 300원/kW 수준이다. 우리나라 전체 발전량에서 가장 가격이 저렴한 원자력의 비중이 줄어든다면 결국 전기료 인상으로 이어질 수밖에 없다.

발전단가 인상은 국민들의 삶의 질을 떨어뜨리고 기업의 부담을 가중시킨다. 한전은 당연히 생산원가가 가장 저렴한 원자력에서 발전한 전기를 많이 매입해야 경영이 개선될 수 있다.

한국전력이 IMF 때 민영화됐다고는 하지만 국영기업이다. 더구나 외국인이 보유한 28%의 지분을 제외하면 산업은행, 정부, 국민연금에서 72%의 주식을 보유하고 있다. 한전의 경영 악화는 전기요금 인상으로 해결할 수밖에 없다. 최근 몇 년 동안 한국전력은 수조 원의 적자를 내고 있다. 탈원전정책 이후 안전에 대한 규제 강화로 가격이 저렴한 원자력발전소의 가동률이 크게 떨어졌기 때문이다.

신재생 에너지로는 원자력을 대체할 수 없다. 우리나라처럼 국토가 좁고 인구와 공장 등이 대도시에 밀집돼 있는 환경에서는 태양광, 풍력 발전 등 신재생 에너지로 대규모 발전을 하기에는 한계가 있다. 가정이

나 공장들이 신재생으로 자기 수요를 조달할 수 없기 때문이다. 결국은 산림 등 자연훼손을 통해 신재생 설비를 건설할 수밖에 없다.

최근 장마와 태풍으로 피해가 늘어나고 있다. 앞으로도 산림을 비롯한 자연 훼손 때, 많은 비용을 들여 풍수해에 대비해야 한다. 같은 양의 전기를 생산하기 위한 부지 소요 면적을 원자력과 비교해 보면, 풍력은 원자력의 500배, 태양광은 100배가 필요하다. 건설비용 측면에서도 풍력이 원자력의 5배, 태양광이 원자력보다 4배나 들어간다. 좁은 땅에서 막심한 자연 훼손이 따르고 투자비용은 전기를 쓰는 국민들과 기업의 몫이 될 수밖에 없다.

□ 신한울 3, 4호기 재개로 한국판 뉴딜정책 추진

앞에서 살펴본 대로 우리나라 현실에 원자력과 같이 국익에 도움이 되는 산업이 없다. 나는 원자력 산업을 생각할 때마다 사우디아라비아 전력청 장관의 말이 떠오른다. 국민들을 잘살게 하고 삶의 질을 높여주기 위해 원자력발전소를 건설하고 싶다는 경세제민(經世濟民)의 정신에 전적으로 공감했기 때문이다.

사우디 전력청 장관을 만나기 훨씬 이전, 이런 일도 있었다. 두바이 개발 초기에 사업유치를 위해 투자유치단을 방문했다. 당시 우리나라 공단 분양 조건에 비하면 가격과 세제 면에서 엄청난 혜택을 주는 조건이었다. 그들은 50년 뒤(당시 오일 매장량 계산에 의한 오일 고갈 시점)의 미래 산업을 미리 준비한다고 했다. 열사의 모래땅 위에 스키장을 비롯한 세계 최고층 빌딩, 워터파크 등 많은 관광자원에 투자유치를 했다. 물론 모두 잘했다는 얘기는 아니지만, 미래 산업을 위해 노력하는 정신을 얘기하고자 하는 것이다.

4선을 기록한 미국의 루즈벨트 대통령도 백일 의회를 통해 심각한 경제 불황 극복을 위한 뉴딜정책을 추진했다. 그가 대통령에 당선된 이후

테네시강 유역에 지역 발전과 치수 관개용 다목적댐을 건설했는데, 정부에 의한 전력생산이라는 점에서 획기적인 정책이었다고 할 수 있다.

원자력 산업에 대한 앞으로의 방향성은 너무나 뚜렷한데도 지금 에너지 정책은 거꾸로 가고 있다. 원자력발전소 건설과 운영시장은 플랜트 시장에서 진입 장벽이 제일 높은 시장이다. 국가적으로 어렵게 힘을 모아 진입한 시장을 포기하는 것은 크나큰 기회 손실이다. 더구나 신한울 3, 4호기의 경우 기투자 금액이 6~7천억원(Claim 보상 제외)으로 건설을 위한 모든 준비가 돼 있다. 우리나라 원자력 산업의 방향전환은 신한울 3. 4호기 재개부터 시작돼야 한다. 제발, 우리나라도 원자력 산업을 통한 한국형 뉴딜정책이 추진되었으면 한다. 한국이 세계 원자력 산업의 수출국으로 성장하기 위해서는 우선 울진의 신한울 3, 4호기 건설 재개부터 해야 함은 너무도 자명한 일이다.

향후 기술개발이 불가피한 사용 후 핵연료 처리와 폐로에 대한 해체 문제도 있다. 하지만 발상을 전환해 보면 이 또한 새로운 사업의 영역이다. 원전의 소형화 기술 등 앞으로 개발 분야가 무궁무진하다고 본다. 원자력 발전의 안전에 더욱 박차를 기하면서 차세대에 상용화될 기술을 개발해 원자력 산업을 집중적으로 육성해야만 한다. 탈원전이 아니라 오히려 활성화하는 한국판 뉴딜 정책이 되어야 하며, 그 중심이 우리나라 최대의 원자력 단지를 포용하고 있는 울진이 돼야 한다. 울진을 세계 원전 도시로 꽃피워 청정에너지 수출의 허브가 되기를 간절히 소망한다.

II
금장산 왕등의 소년

1. 가족의 사랑으로
2. 외선미리의 추억
3. 금장산 왕등의 소년

1. 가족의 사랑으로

☐ 첫 멘토 할아버지

내 고향은 울진이다. 태백산맥에서 뻗어나온 금장산 줄기, 왕등골 외선미리다. 금장산은 금이 매장되어 있다는 전설이, 왕등은 왕이 나는 골짜기라는 이야기가 전해져 온다. 범상치 않은 사연으로 말미암아 이곳이 고향인 사람은 자부심이 크고 조상은 후손의 장래에 기대를 건다.

나는 울진군 온정면 외선미1리 332번지에서 태어났다. 3남2녀 중 아들로는 막내다. 내가 출생한 1955년(호적상은 1957년)은 토요일로 시작되는 평년이었고, 미 해군이 건조한 최초의 원자력 잠수함인 노틸러스호가 항해를 시작했다. 내가 태어나기 두 달 전쯤에는 우리나라가 국제통화기금(IMF)과 국제개발은행(IBRD)에 가입한 해였다. 어쩌면 원자력과 경영은 피할 수 없는 내 운명인지도 모른다.

내가 태어나고 자란 시골집은 증조부께서 장만하셨다. 뒤로는 왕등이 병풍처럼 둘러싸고, 앞으로는 금장산에서 발원한 외선미천이 흐른다. 선조들은 허투루 집을 구하지 않았다. 집터는 당대에는 물론이고 후손들의 인성과 복에 영향을 미친다고 믿었기 때문이다.

자연과 인문환경이 좋은 곳에서 태어나고 자란 사람이 인성이 좋다는 철학을 증조부께서는 알고 계셨던가 보다. 증조부께서 마련한 집에서 4대가 오순도순 함께 살았다. 증조부는 식솔이 늘어나듯 논, 밭도 늘고 선산까지 장만하셨다.

증조부는 수염을 길게 기르고 두루마기를 입고 갓을 쓰셨다. 안방 시렁 위에는 갓집이 엄전히 자리하고 있었다. 갓만 봐도 증조부를 뵙는 것 같아 매무시를 단정히 했다. 증조부께서는 일찍부터 글공부를 해서 훈장을 지내셨다. 훈장으로서 마을 아이들의 글머리를 틔워 주셨다. 식구들에게도 항상 올곧아야 하고 배워야 한다고 일깨우셨다.

밀양박씨 가문에서 시집온 증조모는 인심도 좋았으며 무척 알뜰하셨다. 어릴 적, 1원짜리 지폐를 버렸다가 증조모께 혼쭐이 난 기억이 있다. 증조모는 식구들에게 '살림이 거덜 나면 봄에 소를 팔게 된다,'는 당신의 철학을 자주 말씀하셨다. 증조부로부터 올곧음과 배워야 한다는 것을 깨우쳤다면, 증조모께는 경제 개념을 배웠다. 증조부와 증조모의 뜻을 받들어 생활하다 보니 저절로 습관이 몸에 배었다.

증조부께서 돌아가셨을 때였다. 옛날에는 장례식이 통상 집에서 치러졌다. 요즘처럼 핸드폰이나 전화로 부고를 알리는 것이 아니라 한지에다가 붓글씨로 한 자 한 자 정성껏 써서 알렸다. 그런 부고장을 손에 쥐고 이 동네 저 동네로, 고개 넘고 물 건너서 사람들을 일일이 찾아다니면서 전달했다.

그러다 보니 3일장으로는 문상객들이 모두 다녀갈 수가 없어서 대개 5일장을 치렀다. 증조부는 훈장으로서 많은 사람과 인연을 맺었기에 7일장으로 장례식을 치렀다. 증조부는 존재 자체가 든든한 기둥이셨다.

증조부와 증조모 사이에는 자식이 여러 명 있었다. 하지만 성장하다 병으로 잃어서 할아버지와 왕고모만 남게 되었다. 왕고모는 얼굴도 곱고 체격도 좋았다. 목소리까지 우렁차서 여장부로 불렸다. 왕고모는 평해에서 내로라하는 유지, 경주이씨 집안으로 시집갔다. 왕고모는 장조카인 아버지를 귀히 여겼다. 아버지도 평해에 가면 꼭 왕고모댁에 들렀다. 왕고모는 우리 형제들도 무척 귀여워해서 왕고모댁에 가는 것이 좋았다.

할아버지는 힘이 장사였다. 평해 읍내로 출타할 때는 말을 타고 다니셨다. 힘 좀 쓴다는 장정 몇 사람이 덤벼도 할아버지를 못 이긴다고 했다. 왕고모와 동네 어른들이 무용담처럼 내게 이야기해 주셨다. 할아버지는 증조부와는 달리 공부를 좋아하지는 않으셨지만, 식솔들에게 천

자문도 가르치고 학교에 가는데 들어가는 돈은 아끼지 않으셨다.

　할아버지는 내게 칭찬을 자주 하셨다. 나는 할아버지께 주로 심부름을 잘해서 칭찬을 받았다. 열심히 하면 뭐든지 잘할 수 있다는 성취감도 일깨우셨다. 눈이 초롱초롱하고 호랑이 눈을 닮아 똑똑할 거라고도 하셨다. 나는 칭찬을 들을 때마다 반드시 훌륭한 사람이 되겠다고 마음속으로 외치며 할아버지께 미소로 답했다.

　시골집은 사랑채와 안채, 소를 키우는 마구간이 있었고, 앞마당과 뒤뜰이 있었다. 마당 끝에는 품이 넓은 감나무가 우리 집을 지키려는 듯 서 있었고 감나무 아래는 말을 매는 말뚝이 있었다. 사라호 태풍 전까지만도 방에 앉아 밥을 먹으면서 말을 볼 수 있었다. 사라호 태풍으로 몹시 강한 바람과 비가 쏟아졌다.

　그렇게 세차게 몰아치는 비는 처음 보았다. 폭풍으로 불어난 물에 전답이 유실되고 할아버지가 아끼시던 말도 떠내려갔다. 어린 내게 충격이었는지 나는 한동안 입맛이 없었다. 할아버지는 울적해 하는 내게 머리를 쓰다듬으면서 맛있는 반찬이나 오랜만에 차려진 반찬을 내 앞으로 밀어주셨다.

　증조부가 돌아가시고부터 밥상은 할아버지에게만 따로 차려졌다. 다른 식구들은 큰 두레상에 옹기종기 둘러앉아 식사를 했다. 막내손자인 나는 항상 할아버지 밥상에서 밥을 먹었다. 겨울철 외에는 방문을 열어놓아서 식구들은 마당과 먼 산을 내다보며 두런두런 이야기를 나누면서 식사를 했다. 대가족이 한 울타리에서 생활하던, 꿈처럼 행복한 시절이었다.

　우리 마을은 첩첩산중이라 버스가 다니지 않았다. 택시를 타고 마을에 오는 사람도 없었다. 오직 사업을 해서 돈을 벌었다는 친구의 아버지가 일 년에 한두 번 자가용을 타고 마을을 다녀갔다. 그 얘기가 마을에 전설처럼 회자되기도 했다.

그 시절 유일하게 찾아오는 외지인이 엿장수였다. 지게에 엿판을 지고 동구밖에서부터 가위질을 해댔다. 찰가락 찰가락…. 가위소리를 듣고 마을 사람들은 헌 고무신, 구멍 난 양푼이, 고철 따위를 들고 나와 엿과 바꿔먹었다. 엿 맛은 말할 것도 없이 좋았다. 엿장수의 가위놀음도 내 마음을 쏙 잡아 뺐다. 헐렁해 보이는 가위였지만, 엿판에서 엿을 자를 때는 어찌 그리 야박한지 깍쟁이 같아 얄밉기도 했다.

엿장수 가위소리가 들리면 나는 마당에서 잘 놀다가도 할아버지 얼굴을 빤히 쳐다보곤 했다. 엿장수가 올 때마다 내게 엿을 사주셨기 때문이다. 그 당시 시골에서 제일 맛있는 주전부리가 엿이었으니 할아버지의 손자에 대한 사랑은 대단한 것이었다. 엿과 바꾸려고 모아 둔 건 아닌데 사랑채 도당(창고)에는 헌 가재도구들이 많았다. 하나씩 꺼내어 내게 엿을 사주셨다.

고철이나 헌 가재도구를 건네면 엿장수는 가위와 정으로 엿을 잘랐다. 나는 옆에서 침을 꼴깍꼴깍 삼키며 제발 크게 자르기를 기대하면서 쳐다보았다. 그러나 가위질도 마음대로요, 고물값도 정해진 게 없으니 엿도 마음대로 잘라주었다. 어떤 때는 의외로 많이 주었고 어떤 때는 생각보다 적게 줘서 속이 상했다.

엿장수의 가위소리가 사라졌듯이 할아버지도 세상을 떠나셨다. 그러나 나를 한없이 귀여워하고 칭찬으로 자존감을 높여주신 일은 아직도 내 가슴에 머물고 있다. 할아버지는 세상에서 만난 나의 첫 번째 멘토였다.

☐ 아버지의 실천하는 삶

아버지는 내가 초등학교 입학 전에는 울진중학교 영어 교사였다. 나는 초등학교 1학년 때까지 외선미리 시골집에서 할아버지, 할머니와 함께 살았다. 부모님은 그때 연호정 부근의 학교 관사에서 따로 살았다. 방학이 되면 시골집에 와서 함께 생활했다. 평소에도 주말에는 시골집에 오셨다. 농사일도 돌보고 선산도 관리하고 우리와 놀아주기도 했다.

아버지는 오실 때마다 사탕을 사 오셨다. 그때는 과자라고는 구경할 수가 없었다. 사탕과 엿이 전부였다. 엿을 열 번 먹는 것보다 알록달록한 옥춘사탕이 훨씬 더 달았다. 나는 아버지와 살면서 원 없이 사탕을 먹고 싶다는 생각이 들기도 했다.

아버지는 외할아버지 제삿날이 되면 나를 꼭 데리고 가셨다. 내가 좋아하는 외할머니가 계시는 외갓집은 우리 집에서 1km쯤 떨어져 있었다. 외갓집 가는 길옆으로는 밭과 논이 있었는데 추수를 끝내면 빈들이 되었다. 외갓집에 빨리 가려는 마음이 앞서서 밭을 가로질러서 달려가곤 했다. 제사를 기다리는 동안 감기려는 눈꺼풀을 밀어 올리면서 잠을 쫓아보았지만, 제사를 지낼 무렵에는 까무룩 잠속으로 빠져들기 일쑤였다.

제사를 지내고 나면 어른들은 음복을 하면서 밀렸던 얘기를 나누느라 새벽에야 집으로 돌아갔다. 깊이 잠든 나를 아버지는 업어야 했다. 캄캄한 밤길의 비탈진 밭고랑을 걷느라 아버지 등이 출렁거려 눈이 자주 떠졌다. 그래도 아버지의 널찍한 등은 미덥고 푸근했다. 버팀목 같은 아버지의 등이 있어서 세상에 나가 뭐든 할 수 있다는 생각이 들었다.

아버지의 등에 업혀 바라본 시골의 밤 풍경은 신비로웠다. 산은 어슴푸레하게 윤곽만 보이고 캄캄한 하늘에는 별빛이 또렷했다. 푸르게 반짝이는 별의 정기와 듬직한 아버지의 등을 느끼며 집으로 돌아오는 길은 더없이 편안했다.

아버지는 매사에 우직하게 몸소 실천하는 편이었다. 식솔들에게도 이래라, 저래라 잔소리를 하지 않았고 일을 직접 처리하셨다. 소명처럼 고향에서의 후진 양성을 실천하셨다. 울진중학교에서 매화중학교, 평해중·고등학교, 후포고등학교를 거쳐 다시 죽변고등학교, 평해정보고등학교를 돌아가면서 근무하셨다.

울진군은 농촌근무 가산점이 부여되는 지역이라 아버지의 근무 점수는 상당히 높았다. 얼마든지 도시로 나갈 수 있는 조건이 되었다. 당시 교육공무원 승진 규정을 고려하면 아버지의 교감 승진 조건은 일찌감치 이루어졌다. 대구에서 여름방학 때 한 달간 강습만 받으면 교감 승진이 될 수 있었는데 우리 5남매와 삼촌들 뒷바라지와 맏이로서 가업을 돌보느라 교육을 자꾸 미루다가 기회를 놓치셨다. 나중에는 교육공무원 승진 규정이 바뀌어 승진시험을 쳐야 했다. 회갑이 가까워진 연세에 시험을 쳐서 비로소 교감으로 승진하셨다. 끝내 교장 꿈은 이루지 못하고 퇴직하셨지만 자식들에게는 고향에 대한 사명감과 교육자적 품성을 심어 주셨다.

1991년에 도교육위원 제도가 생겼다. 군의회에서 추천해서 도의원들이 투표로 결정하는 제도였다. 울진군의회에서는 만장일치로 아버지를 단독 후보로 도교육위원회에 올렸다. 경상북도선거관리위원회에서는 선거 규정상 단독 후보는 안 되니 무조건 후보를 한 명 더 추천해야 한다는 것이었다. 결국 아버지와 다른 한 분의 후보를 두고 투표한 결과 아버지는 아쉽게도 단 한 표 차이로 낙선하셨다. 아버지는 우리에게 선거 얘기를 일절 하지 않으셨다.

아버지가 선거를 치를 때 나는 삼성그룹 비서실에 근무하고 있었다. 유권자인 경상북도 도의원들의 지인이나 가족 중에 삼성에 근무하는 사람들을 찾아 도울 수도 있었다. 하지만 아버지는 교육자 본연의 자세를 잃지 않으며 곧은 행보를 하셨다. 결국 그 다음 선거에서 도교육위원에 당선되셨다.

할아버지를 닮은 아버지는 신체가 건장하셨다. 대학교에 다닐 때는 강원도 축구 대표선수로도 활약했었다. 시골집 농작물에 피해를 주는 멧돼지 사냥을 하면서 자연스럽게 단련된 체력이었다. 젊은 시절, 잠결에 아버지 허벅지가 어머니 다리 위에 걸쳐지면 무슨 기둥이 무너진 것처럼 느껴졌다고 어머니께서 말씀하시곤 했다.

그 정도로 튼튼했던 아버지가 평소에 하지 않던 행동을 하셨다. 화장실에 가신다면서 다른 방향으로 가시는 걸 보고 급히 대구의 병원으로 가보니 이마 앞쪽에 실핏줄이 터져 있었다. 수술을 한 후에는 기억력이 많이 나빠지셨다. 오래 기억을 하지는 못하셔도 순간순간의 판단은 하실 수 있어 선산과 마을에는 다니곤 하셨다.

하지만 치매가 심해지면서 아버지께서는 건강회복에 대한 의지가 약해지셨고 몇 년후 겨울에 집안에만 계시다 이듬해 봄에 급기야 자리에서 일어나지 못하셨다. 그 튼튼하던 다리에 힘이 풀려 영 몸져눕게 되셨다. 요양병원으로 모셔야 했다. 자식들은 아버지를 요양병원으로 모시려고 했지만 어머니는 직접 바라지하겠다고 한사코 반대하셨다.

시골집에 갈 때마다 나도 아버지의 수발을 들었다. 온몸의 힘이 빠진 상태라 젊은 나도 힘이 드는데 허리도 불편한 어머니가 아버지를 혼자 수발하셨다. 누운 아버지를 보면서 문득, 아버지의 든든했던 등이 떠올랐다. 그때 아버지가 나를 업어 주었듯이 나도 아버지를 업어 드리고 싶었다. 용을 썼지만 도저히 일어서지 못하고 같이 주저앉고 말았다. 시그르고 때늦어 내가 등을 내밀 때는 이미 아버지의 병이 깊어 업힐 수 없는 상태가 되셨다.

□ 어머니의 헌신

우리 집은 논밭도 제법 있었고 선산에는 밤나무도 많았다. 다른 집보다 살기는 괜찮았다. 하지만 우리 5남매 외에 삼촌들도 학교에 다녀서 교육비가 한정 없이 들어갔다. 아버지가 교편생활로 학비를 감당하셔도 늘 쪼들렸다. 아버지는 월급을 어머니께 전부 맡기고 집안 살림에 대해서는 신경 쓰지 않으셨다. 어머니는 이따금 아버지 몰래 삼촌들에게 용돈까지 챙겨주셨다. 거기에 할아버지, 할머니께도 용전을 드렸으니 어머니의 생활은 늘 팍팍했다.

　현풍곽씨 가문에서 시집온 어머니는 손재주가 좋으셨다. 음식은 물론이고 무엇이든 잘한다는 칭찬을 받으셨다. 특히 바느질 솜씨가 좋아 할아버지 할머니가 입는 삼베옷, 모시 한복을 직접 만드셨다. 근동에서 한복을 잘 짓는다는 소문이 나서 아는 사람들이 한복을 많이 부탁했다. 삯은 정해지지 않은 듯했다. 쌀이나 잡곡을 받기도 하고 돈을 받아서 살림에 보탰다.

　초등학교에 입학하기 전, 부모님과 떨어져 시골집에서 살 때였다. 어느 주말, 울진관사에서 생활하는 부모님을 뵈러 갔었다. 점심 때였다. 웬일인지 어머니가 관사 마당에서 연탄 화덕을 피웠다. 이글거리는 화덕 위에 석쇠를 올려놓고 꽁치 한 두릅을 다 구우시는 것이었다. 깜짝 놀랐다. 할아버지 밥상에도 꽁치가 한 마리 통째로 올라오는 경우가 드물던 때였다. 그런데 꽁치를 통으로 구워 접시에 수북하게 담아 밥상을 차려주셨다.

　지금까지 살아오면서 꽁치를 가장 많이 먹은 날이었다. 아마 혼자서 다섯 마리 정도는 먹었지 싶다. 지금도 울진 꽁치는 고소하고 감칠맛 나는데 그 시절에는 입안에서 살살 녹는 별미였다. 어머니는 어린 내가 떨어져 지내는 것이 안쓰러워 그렇게 꽁치를 구워 먹였을 것이다. 그 후부터 꽁치는 나의 소울 푸드가 되었다. 지금까지 내가 건강에 별 탈이 없이 살고 있는 까닭은 아마도 그때 어머니의 내리사랑이 깃든 꽁치를 먹었기 때문이리라.

　매화는 울진과 평해 사이의 면인데도 전기가 들어오지 않았다. 연탄 가격도 만만치 않아서 나무를 떼서 난방을 해야 했다. 어머니는 동네 아주머니들과 산에 나무를 하러 다니셨다. 뗄감으로는 아카시아와 오리목을 주로 사용했다. 어머니는 나무를 해서 머리에 이고 다녔다. 몸집보다 더 무거운 짐을 이고 다녀서 일찍부터 허리 병이 찾아왔다. 허리 병은 어머니가 가족을 위해 희생한 증표였다. 나는 고생하시는 어머니께 공부를 잘해서 조금이라도 보답해 드리고 싶었다. 어머니가 내 머리를 쓰다듬어 주면서 기뻐하는 모습을 그려보며 열심히 공부했다.

초등학교 졸업을 앞두고 치른 중학교 입학시험에서 내가 1등을 했다. 그때 관례는 1등을 하면 가장 큰상인 교육감상을 받고 상품으로 국어사전을 받았다. 5학년 대표가 송사를 하면 졸업생을 대표해 답사를 했다.

나는 그때 어머니가 털실로 짜주신 스웨터와 바지를 입었다. 외투는 형에게 물려받아 입었는데 요즘 사파리 비슷한 디자인이었다. 나일론 천속에 얇은 스펀지가 들어 있는 잠바였다. 실내에서 졸업식을 했기 때문에 나는 잠바를 벗고 있었다. 스웨터와 바지 차림으로 답사를 하고 상을 받았다. 그때 나는 내 옷차림에 대해 별로 신경 쓰이지 않았다. 그런데 졸업식에 참석했던 어떤 학부형이 어머니께 "윗도리라도 하나 사 입히지."라며 대놓고 말했단다. 그 말에 어머니는 내가 무척 안쓰러웠던 것 같았다. 어려운 형편에 삼촌들과 우리 오남매를 바라지하고도 내게 늘 미안했었다고 세월이 한참 지난 후에 털어놓으셨다. 나는 전혀 마음에 두지 않았던 일을 어머니는 계속 가슴 속에 담고 계셨던 모양이었다.

2. 외선미리의 추억

□ 우리 집

우리 마을은 온정면 외선미리다. 마을 이름은 금장산의 산수가 아름다워 신선이 놀던 자리라는 뜻의 선(仙) 자와 물맛이 좋다는 미(味) 자를 따서 선미(仙味)라 부른다. 선미마을 중에서도 가장 바깥쪽에 있어서 외선미다.

산길 양쪽에 여남은 집이 평화롭게 사는 자연마을로 별칭으로 물감나무골이라고도 한다. 감이 크고 껍질이 얇아서 감식초, 홍시, 특히 곶감으로 이용되는 월하시 감나무가 많아서 그렇게 불린다.

초등학교 2학년부터 매화초등학교에 전학하면서 부모님과 매화에 있는 관사에서 살았다. 시골집에 갈 때는 부모님이나 형들과 같이 다녔다. 매화에서 시골집에 가려면 우선 평해까지 버스를 타야 했다. 평해에 도착하면 다시 온정에 가는 버스를 갈아타야 하는데 버스가 하루에 세 번밖에 다니지 않아서 시간을 잘 맞추어야 했다. 온정에서 버스에 내려 큰 고개를 두 개 넘고도 약 6km 정도 더 걸어야 시골집에 도착할 수 있었다. 그런데도 할아버지가 계시는 시골집은 불원천리(不遠千里)요, 불원만리(不遠萬里) 같았다.

시골집은 터가 크고 반듯하다. 증조부와 증조모께서 거처하는 사랑채와 할아버지 할머니를 비롯한 나머지 식구들이 생활하는 안채가 있다. 소를 키우는 마구간이 있었고 넓은 앞마당과 복탕이라고 부르는 뒷마당이 딸려 있었다. 안채와 사랑채 사이에는 작은 마당과 화단이 있었고, 화단 뒤편에 푸성귀를 가꾸는 텃밭과 나무 그늘이 살짝 덥히는 우물이 자리했다.

복탕(뒷마당)을 들여다보면 그야말로 산골 집다웠다. 아름드리 물감나무와 호두나무, 하늘 높은 줄 모르고 옆으로만 퍼지는 앵두나무가 있었다. 사람이 밟지 않는 땅바닥에는 취나물을 비롯해 갖가지 산나물이 자랐다. 복탕 한 귀퉁이에는 장작을 패는 받침대 모탕이 놓여 있었고 처마에는 장작을 패서 빼곡히 쌓아두었다.

가을이 되면 감도 따고 호두도 땄다. 감은 짚단 속에 보관하면서 겨우내 홍시로 먹을 수 있었고, 호두는 겉껍질을 까고 말려서 벽장 속에 넣어 두고 일 년 내도록 까먹었다. 빨갛게 익은 새콤달콤한 앵두는 여름 한 철 보는 것만으로도 침이 고이게 했고, 산나물은 봄철 잃어버린 입맛을 되찾아주는 마중물이었다.

　먹거리의 보고였던 복탕에는 도둑고양이가 많았다. 뒤뜰이라 사람의 왕래가 뜸하니 고양이들이 저희 세상인 듯 돌아다녔다. 어른들 심부름을 하느라고 복탕으로 가면 고양이들이 앵두나무 밑에서 눈을 동그랗게 뜨고 웅크려 있었다. 어릴 때라 그런지 고양이가 무척 커 보이고 무섭다는 생각이 들었다. 하지만 복탕은 우리 가족에게 풍성한 먹거리를 주는 비밀의 정원이었다.

　텃밭 옆의 우물물도 달다고 소문이 났었다. 상수도가 들어오기 전까지 우리 집 주변 이웃은 그 우물물을 먹었다. 더운 여름날, 땀이 뻘뻘 날 때 샘물로 등목을 하면 그지없이 시원했다. 우물 속에 깔아놓은 자갈 사이로 멋모르는 새끼가재가 느릿느릿 기어 다니기도 했다. 우물 풍경은 객지 생활을 하면서 향수에 젖을 때면 떠오르는 장면 중의 하나였다. 세상의 바다에서 고난이 있을 때면 그 시원한 샘물을 한 사발 들이켜고 싶을 때도 있었다.

□ 우직한 소

　농사일에 가장 큰 역할을 했던 순박한 소와의 추억도 잊히지 않는다. 우리 집 큰 소는 잘생기고 순하다고 동네에 소문이 났다. 더구나 송아지도 잘 낳아서 삼촌들과 우리 형제 등록금도 돌아가면서 감당해 주었다.

　여름방학이 되면 친구들과 소를 몰고 풀을 먹이러 가곤 했다. 여름에는 소죽을 끓여서 먹이는 게 아니라 산이나 들에서 풀을 뜯어 먹게 했다. 주변에 농작물이 많기 때문에 깊은 산 구릉으로 가서 소를 방목했다. 소가 풀을 뜯는 모습을 지켜보면서, 감자를 구워 먹기도 하면서 해가 질 때까지 산속에서 보냈다.

　가끔은 선산에 우리 소만 데리고 풀 먹이러 갈 때도 있었다. 소가 풀 먹는 모습을 보다가 심심해지면 소등에 타보기도 했다. 주인을 알아보는지 힘센 소는 놀라거나 피하지 않고 눈만 껌벅이며 가만히 있어 줘서 대견하기도 했다. 긴 여름 해가 느릿하게 서산으로 넘어갈 때까지 소와 같이 산속에 살았다. 우리도 여름 산속의 풍경 한 점이 되었다.

□ **겨울방학**

방학 때는 언제나 시골집에서 지냈다. 두메산골 외선미리의 겨울은 면 소재지 매화에서는 볼 수 없는 것들이 많이 있었다. 눈이 오는 날에는 친구들과 참새를 잡으러 다녔다. 그때는 초가집이 대부분이었다. 초가집 서까래 위에 있는 구멍에 손전등을 비추면 참새가 놀라 날지도 못하고 눈을 동그랗게 뜨고 쳐다보았다. 목마를 탄 사람이 참새가 보이는 구멍에 손을 집어넣었는데 거의 참새는 잡지 못했다. 우리는 그냥 할 일이 없으니 하는 거라서 굳이 참새를 잡으려 애쓰지 않았다.

긴긴 겨울밤, 어울려 놀다가 출출해지면 각자의 집에 가서 무, 김치 등을 가져왔다. 조금씩 돈을 내서 라면이나 국수를 사서 삶아 먹는 맛이 그렇게 좋았다. 그때는 라면이 국수보다 비쌌기 때문에 절반은 국수, 절반은 라면을 넣어 삶았다. 여기에다 무와 김치를 곁들여 먹는 순간 세상에 부러울 게 없었다.

□ **외선미리 한지**

고향 외선미리는 옛날부터 한지로 유명했다. 그때는 문종이라고 불렀는데 빛깔이 지금처럼 희지 않고 누르스름하며 결도 매끄럽지는 않았으나 그 당시로는 품질이 좋기로 소문이 났었다.

우리 동네는 닥나무가 잘 자라는 토양이었다. 밭둑에 자생하기도 했고 일부러 심기도 했다. 외선미리 닥나무는 속껍질이 종이 만들기에 아주 적합했다. 마을 앞에는 금장산에서 발원하여 남대천으로 흐르는 냇물이 있어서 종이판을 만드는 데 도움이 되었다. 우리 마을의 좋은 토양과 사시사철 마르지 않는 물은 한지를 특산품으로 만드는 데 큰 역할을 했다.

우리 집에서는 한지를 만들지 않았지만 동네의 여러 집이 한지를 만들어 팔았다. 여름이 되면 닥나무를 배어 문종이를 만들었다. 냇가 언덕에 땅을 파서 커다란 솥을 걸었다. 닥나무를 통째로 넣고 자갈로 덮은 뒤 불을 지폈다. 달궈진 돌에 물을 부으면 뜨거운 김이 올라서 닥나무가 삶기었다. 삶긴 닥나무껍질을 벗겨 다시 흰 속껍질을 냇물에 담가 두었다가 방망이로 두드려 속껍질이 흐물흐물해지면 풀과 섞어서 넓은 판에 펼쳐 말리면 한지가 되었다.

닥나무를 삶을 때면 아이들은 닥나무를 누르는 자갈 속에 감자를 넣어 두었다. 감자가 익기를 기다리면서 냇가에서 시간 가는 줄 모르고 놀았다. 놀다가 배가 출출해지면 누름돌 속에서 포실포실하게 익은 감자를 꺼내 먹었다. 뜨거운 감자를 후후 불어가면서 먹는 맛이란 형용할 수 없을 만큼 좋았다.

□ 그 시절의 씻기 문화

가마솥 목욕

우리 동네에서 4~5km 정도 떨어진 곳에 백암온천이 있다. 온천에 가서 목욕하는 것은 1년에 한두 번이었다. 그렇다고 집에 목욕탕이 있는 것도 아니고 해서 여름을 제외하고는 목욕하기가 어려웠다.

추석 때가 가까워지면 달이 밝아 저녁에도 마을로 나가 놀기 좋았다. 집에서는 마땅히 할 게 없으니 마을에서 친구들이나 형 친구들과 놀곤 했다. 추석을 이틀 남겨둔 날, 여럿이 모여 앉아 이야기꽃을 피우던 중이었다.

"닥나무 삶는 가마솥에서 목욕을 하면 좋을낀데."

　누군가 수줍은 듯 작은 소리로 말했다. 명절 전이라 목욕이 필요하긴 했다. 우리는 서로의 얼굴을 쳐다보면서 회심의 미소를 지었다. 물을 데울 나무는 조금씩 집에서 가져오기로 했다. 거사를 치르기 위해 다음 날 가마솥에 물을 담고 가져온 땔감으로 물을 데웠다.

　드디어 명절 의식을 치를 시간이 되었다. 빙그레 웃고 있는 열사흘 달빛 아래 3~4명이 지통에 들어갔다. 비누가 없던 시절이라 뜨거운 물에 몸을 담갔다가 손바닥으로 대강 문질러 씻으면 끝이었다. 따로 헹구지도 않았다. 우리 또래 아이들이 먼저 목욕하고 나오면 뒤를 따라 두 살 많은 형들이 들어갔다. 순서를 정해놓기라도 한 듯 지통에 차례로 들어가서 씻고 나왔다. 땟물이 둥둥 떠다니는 가마솥 탕이었지만 씻고 나오면 온몸이 날아갈 듯 개운했다.

소여물에 손 씻기

겨울이 오면 산골 동네는 무척 추웠다. 어릴 때는 너나 할 것 없이 추위를 막아주는 변변한 옷도 없었고 장갑 한 켤레도 귀했다. 그래도 아이들은 집 안에서 놀거리가 없으니 밖으로 나갔다. 팽이 치기를 비롯해 제기차기, 공기놀이 아니면 맨손으로 흙을 만지는 놀이를 해서 손이 얼고 때가 끼어 손등이 소나무껍질처럼 트고 갈라졌다.

손이 트면 가장 먼저 바르는 것이 안티프라민이었다. 안티프라민은 그 시절 국민 치료제로 통했다. 하지만 이미 갈라진 손에는 크게 효과가 없었다. 그리고 벌집으로 밀 덩이를 만들어 두었다가 녹여서 바르기도 했는데 양이 많지 않아 자주 바를 수는 없었다.

그 무렵 시골에는 튼 손을 낫게 하는 특효약이 있었는데, 소여물로 손을 씻는 것이었다. 겨울철에는 소에게 여물을 쑤어서 먹였다, 재료는 주로 볏짚이나 마른풀, 가을에 추수하고 나오는 콩깍지 등이었다. 거기다 부드럽고 영양가 높은 쌀겨를 넣어서 푹 끓이면 소여물에서 구수한 김이 무럭무럭 피어올랐다. 소는 여물 냄새를 맡고 침을 줄줄 흘리며 기다렸다.

여물에 뜨거운 김이 나가고 어느 정도 식으면 할아버지는 마구간으로 나를 불렀다. 그리고는 여물통에 손을 담그게 했다. 푹 불려서 쌀겨로 문지르면 거칠었던 손이 매끈매끈해졌다. 내게 마구간은 그 어느 곳보다 따뜻한 곳이었다. 여물통에 손을 담그고 있으면 온천욕을 하는 듯했다. 손을 깨끗이 씻고 나오면 콧노래를 흥얼거릴 만큼 기분이 좋아셨다.

3. 금장산 왕등의 소년

□ 매화천과 함께

    1960년대에는 6·25 전쟁을 겪으며 태어난 1950년생들이 10대 시절을 보내는 시기였다. 경제 개발 5개년 계획이 수립되어 경제 성장을 이루어 갔지만 산골 마을까지는 영향을 미치지 못했다.

    그 시절에는 어느 것 하나 귀하지 않은 것이 없었다. 비누도 귀해 빨래에 비누칠도 못 하고 빨래를 했다. 냇가에 앉아서 빨랫방망이로 두들겨 땟물을 뺏다. 그래도 때를 지울 수 없으면 짚을 태워서 콩나물시루 같은 항아리에 양잿물을 만들어서 빨래를 치대기도 했다. 세수할 때도 물론 비누를 쓰지 못했다.

    그 당시 우리 마을에는 거지와 광견병에 걸린 개를 흔히 볼 수 있었다. 거지는 헤진 옷을 입고 가마니를 두른 채 밥을 얻으러 다녔다. 거지 중에는 간혹 아이를 데리고 간다는 근거 없는 소문도 돌았다. 광견병에 걸린 개는 동네를 마구 돌아다니면서 사람이나 가축을 물었기 때문에 공포의 대상이었다.

    아이들은 몽둥이를 들고 여럿이 모여 다녔다. 어떤 친구는 옻나무 가지를 들고 다니기도 했다. 내가 초등학교 1학년까지 다녔던 선미초등학교는 시골집에서 약 3Km 정도 떨어져 있었다. '마긴재'라고 하는 가풀막진 재를 넘어야 학교가 있었다. 광견과 거지에게 해코지당하지 않으려고 전 학년이 모여서 학교에 가고 돌아올 때도 그렇게 다녔다. 지금은 상상할 수도 없는 일들이 그 시절에는 일상이었다.

    매화초등학교에 전학하고 난 후부터는 학교에 오가는 길이 여유로웠다. 학교를 마치고 집으로 올 때면 친구들과 매화천으로 달려갔다. 매화천은 금장산에서 발원해 매화리를 끼고 흐르다가 왕피천과 합류하여

최종적으로는 동해로 유입되는 하천이다. 매화천은 금장산 자락에서 태어난 내가 매화에 와서 초등학교에 다니는 것과 닮았다는 생각이 들어 친구 같았다. 모래밭도 넓고 해당화 군락지도 여러 군데 있어서 경관도 좋았다. 물에 들어가서 고기도 잡고 모래밭에서 뛰어놀기도 했다.

　매화천에는 제법 높은 다리가 있고 그 아래는 넓은 모래밭이었다. 누구보다 모험심이 컸던 나는 다리 밑으로 뛰어내리고 싶은 충동이 발동했다. 처음에 뛰어내릴 때는 충격이 제법 컸지만 한 번 경험해보니 짜릿함이 좋아서 자꾸 뛰어내리게 되었다. 내가 뛰어내리자 형들과 친구들도 있는 용기를 다 내어 다리 아래로 뛰어내렸다. 나는 퍼스트 펭귄이 된 기분이 들어 어깨가 으쓱해졌다.

　놀이기구와 장난감이 따로 없었던 시골의 여름은 냇가가 놀이터였다. 백사장에서 개미 채집도 하고 개미가 모래 속으로 파고 들어가는 모습을 관찰하기도 했다. 그러다 싫증이 나면 동부리라고 하는 해당화 열매를 따서 까먹기도 했다. 동부리를 깨물면 속에 씨 덩어리가 솜털과 같이 있어 그걸 꺼내고 껍질을 먹는 셈이었다. 동부리를 먹고 난 뒤 손을 씻지 않고 살을 만지면 몸에 솜털이 붙어 무척 가려웠다. 동부리는 맛으로 먹는 게 아니었다. 친구들과 냇물이 흐르는 백사장에서 노는 것이 좋았고 그러다가 출출해지면 그저 습관처럼 동부리를 따먹었다.

모랫바닥에 숨어 있는 모래무지를 찾아내는 재미도 좋았다. 가끔은 채반 형태의 대나무채로 모래무지를 잡는 것도 즐거웠다. 모래무지를 잡아 결국 보내주었지만 잡는 기분이 좋았다. 학교 공부를 마친 뒤, 친구들과 어울려 매화천에서 시간 가는 줄 모르고 놀다가 매화2리, 금매리를 거쳐 집으로 돌아오면 해 질 녘이 되었다. 그런 일상이 너무나 즐거웠다.

□ 흥겨웠던 잔치들

초등학교에 다닐 때 농번기인 봄, 가을에 휴가가 있었다. 부모님의 바쁜 일손을 도우라는 휴가였다. 농사일이 가장 많은 철이지만 나는 농번기 휴가가 무척 기다려졌다. 시골집에도 갈 수 있고, 숙제도 없고 자유로웠기 때문이다. 모내기할 때는 마을 사람들이 품앗이로 공동 작업을 해서 잔치 분위기가 되었다.

나는 어렸지만 봄에 씨앗을 뿌려야 가을에 수확한다는 것을 알고 있었다. 내가 던진 못단이 논 위를 미끄러져 가면 기분이 좋았다. 요즘은 볼 수 없는 풍경이지만 그 시절 아주머니들은 '따베이'라고 하는 받침을 머리에 얹고 음식 담은 광주리를 이고 날랐다. 서너 움큼씩 묶인 볏모를 던지다 보면 어머니와 아주머니들이 새참을 머리에 이고 오셨다. 우물에서 길어 온 시원한 물과 따뜻한 쌀밥이었다. 지금 생각해보면 특별할 것도 없는 음식이지만 꿀꺽꿀꺽 잘도 넘어갔다.

모내기가 끝나고 초저녁에는 개구리 울음소리를 들으면서 한가롭게 쉬었다. 마당이나 논에서 개구리들이 자기들끼리 장단이라도 맞춘 듯

리듬 있게 우는 소리를 들으면 살풋 꿈나라로 떠나기도 했다.

　마을잔치인 모심기도 흥겨웠지만 잊지 못할 잔치가 또 있었다. 생각만 해도 기대에 부풀었다. 가을 운동회였다. 면 단위 지역에서 가장 큰 행사였고 학부형뿐 아니라 지역주민들까지 참여하는 잔치였다.

　초등학교 운동회 때 주요 종목은 곤봉체조와 기계체조, 뜀틀 시범이었다. 달리기 종목으로는 손님 찾기, 장애물 넘기, 개인 달리기, 이어달리기, 학급대표 달리기 등이 있었다. 매화천과 가파른 고갯길을 매일 달렸던 나는 달리기에 이골이 났다. 단거리 전 종목에 출전할 수 있었다.

　키는 작았지만 의외로 높은 뜀틀도 훌쩍 잘 뛰어넘었다. 몇 명 안 되는 뜀틀 시범단에 선발되었다. 운동회 날 전교생을 대표하여 관중들 앞에서 시범을 보여야 했다. 손을 짚고 뛰어 넘기, 회전하는 기술 따위를 보여주어야 했다. 사고를 일으키지 않으려고 방과 후에도 꾸준히 준비했다. 많은 연습을 통해서 좋은 결과가 나타나기 때문이다.

　방과 후에 연습을 하면 쏠쏠한 재미가 있다. 연습이 끝나고 나면 수고했다고 학교급식으로 나온 옥수수빵을 주었다. 요즘 일류 제과점어 나온 빵을 먹어도 그때 그맛은 나지 않는다. 드디어 운동회 날이 되었다. 우리 가족이 일등을 할 수 있는 종목은 가족 이어달리기였다. 아버지 어머니 두 분 모두 달리기 선수였고 특히 어머니가 다른 사람들보다 월등하게 잘 뛰었다.

　나는 초등학교 5학년 때부터 학교 대표 육상선수로 활동했다. 운동회 날 달리기 전 종목에 참여했다. 학생 전체가 참여하는 각 학년 달리기, 각 학급 대표 달리기, 학부모와 학생 달리기에 참여해서 모두 일등을 했다. '올 타임 넘버 원'이 되어서 사람들의 부러움의 눈길을 한몸에 받았다.

　상품은 주로 연필, 노트 같은 학용품이었다. 참여하는 종목마다 1등이 된 나는 상품을 한 아름 받았다. 할아버지 할머니뿐 아니라 친척들이

 모두 칭찬해 주셨다. 나는 답례로 집에 학생이 있는 친척들에게 상품으로 받은 연필과 노트를 나누어 주었다. 나는 한동안 학용품을 사지 않아도 되었다.

 가난한 시절이었지만 운동회 날만은 모두가 용돈을 받을 수 있는 날이었다. 운동장 주변에서는 엿, 풍선, 사탕 등 학생들이 좋아하는 물건을 파는 장사꾼들도 모였다. 나는 알록달록한 사탕을 샀다. 아버지가 시골집에 오실 때 항상 사 오시던 사탕이었다. 운동장에 만국기가 펄럭이고 주변에 입담 좋은 장사꾼들이 모인 운동회는 활기차고 신났다.

가을 운동회 무렵에는 선산에 밤이 익을 대로 익었다. 껍질이 쩍쩍 벌어져서 밤이 떨어졌다. 삼촌, 작은형과 밤을 주우러 갔다. 내가 맡은 역할은 낯선 사람들이 밤을 주우러 오는지 산꼭대기에서 보는 일이었다.

산꼭대기에서 밤나무를 내려다보고 있었다. 웬일인지 삼촌이 불러서 가 보니 평평한 모래땅에 불을 피우고 있었다. 그리고는 야구공처럼 밤송이를 통째로 그냥 불 속에 던져 넣는 것이었다. 조금 있으니 탁! 탁! 소리를 내면서 밤이 튀어 올랐다. 딱, 꿀밤처럼 이마를 맞았지만 저절로 껍질이 홀라당 까진 알밤을 먹는 재미가 좋았다. 그날은 그야말로 알밤 잔칫날이었다.

☐ 금장산 왕등의 소년

나는 초등학교 1학년까지 시골집에서 할아버지, 할머니와 살았다. 교편을 잡고 있는 아버지가 관사 생활을 했기 때문이다. 연호정 부근의 학교관사에는 부모님과 고등학교와 중학교에 다니는 삼촌들이 함께 살았다. 부모님은 방학 때 시골집에서 같이 지냈다.

여섯 살이 되니 글자나 숫자를 종이에 쓰면서 뭔가 표현하고 싶어졌다. 아버지와 살면서 숫자와 글자를 배우면 좋겠다는 생각이 들었다. 그때 마침 막내 고모가 시골집에 왔다. 무척 반가운 일이었다.

막내고모는 만화를 즐겨 보았는데 여섯 살 나에게는 만화책이란 것이 더없이 신기했다. 칼을 차고 도복을 입은 무사가 주인공인데, 줄거리를 구체적으로 알 수는 없었지만 궁궐에서 주인공이 악당들을 한 명씩, 한 명씩 물리치는 내용인 것 같았다.

만화책을 보며 글자에 관심을 보이자 고모는 내게 만화책을 읽어 주셨다. 나의 첫 글자 공부였던 셈이다. 말은 할 줄 알았으나 글자는 몰랐던 시기인데 그림을 보여주면서 책을 읽어 주니까 글씨를 대충 읽을 수 있었다. 고모 덕분에 나는 초등학교에 입학하기 전에 글씨를 제법 깨우쳤다. 책을 읽고 싶은 마음도 생겼다. 할아버지가 내 인생에 첫 번째 멘토였다면 막내고모는 두 번째 멘토였다.

여덟 살이 되어 동네에 있는 선미초등학교에 입학했다. 고모의 만화책 교육으로 글씨를 빨리 깨우친 덕에 나는 우등상을 받았다.

1학년을 마친 봄방학 때였다. 작은형과 함께 매화에 있는 학교 관사에 부모님을 뵈러 갔다. 작은형과 나는 매화에서 학교에 다니고 싶다며 부모님을 따라다니면서 졸랐다. 형과 나의 뜻이 이루어져 부모님과 함께 관사에서 살면서 매화초등학교에 다니게 됐다.

시골집에서 다니던 선미초등학교는 한 학급이었지만 전학 온 매화초등학교는 한 학년이 3반까지나 있었다. 1반은 남학생, 2반은 여학생, 그리고 3반은 남녀 혼합 반이었다. 나는 3반으로 배정받았다.

학교가 너무 커서 놀랐다. 더 장관인 것은 도서관이었다. 당시 매화초등학교 도서관은 울진군 내에서는 규모가 가장 크고 책도 많았다. 나는 하루의 일과를 거의 학교와 도서관에서 보냈다.

고모가 읽어 주었던 만화책과 비슷한 내용의 책을 주로 읽었다. 『홍길동』, 『일지매』, 『삼국지』 등 역사서나 무협소설을 읽으며 주인공들을 동경했다. 탐관오리를 징벌하는 홍길동, 매화나무 그림을 남겨 놓는다는 일지매의 의협심은 나에게 커다란 감동을 일으켰다.

『삼국지』는 몇 번을 읽어도 재미있었다. 등장 인물들은 모두 영웅이었다. 유비의 연합군이 조조의 대군과 맞서는 적벽대전의 장면은 반복해서 읽었다. 내가 사는 곳이 바닷가라서인지 해전에 대한 지략과 전술이 나올 때마다 관심을 더 기울이며 읽었다.

초나라의 책사인 제갈공명이 동남풍으로 신출귀몰하자 조조는 수십만 대군을 잃고 도망갔다. 나는 전쟁이 군사의 수만으로 승리할 수 없겠다는 것도 그때 알게 되었다. 제갈공명은 경제정책에 대해서도 탁월했다. 촉이 가난하니 특산물인 비단 수출에 최선을 다해야 한다는 것이 인상 깊었다.

적벽대전 당시 조조의 목숨을 살려주었던 관우가 포로로 잡혀 참수될 때는 슬퍼서 눈물이 났다. 관우가 죽는 페이지는 책 끝을 접어두고 읽지 않았다. 중국인들은 적토마를 타고 18kg이나 되는 청룡언월도를 휘두르는 관우를 재신(財神)이나 관성제군(關聖帝君)으로 모신다. 그의 우직함과 청렴함 때문에 그렇게 할 것이다.

순식간에 적의 머리를 베어 오는 맹장들의 용맹에도 감탄했지만 롤모델로 삼고 싶은 인물은 바로 유비였다. 유비의 책사였던 방통은 유비가 불난 집에서도 예의를 갖춘다고 했다. 어떤 상황에서도 사람의 도리를 잃지 않으려는 마음이리라.

유비를 더욱 흠모했던 까닭이 있었다. 전쟁에서 쫓기던 유비가 10만의 백성을 이끌고 강화성으로 피난하면서 했던 말 때문이다.

"백성이 나를 버려도 나는 백성을 버리지 않는다."

하루에 10리 밖에 이동하지 못하면서도 했던 말이다. 유비의 성품이 어질기 때문에 인재들이 모이고, 결의형제들이 그를 구해주었다. 유비는 그렇게 힘을 키워 천하 삼분지계의 발판을 마련한 것이다. 삼국지의 유비를 보면서 어진 사람이 마지막에 웃는다는 것을 알게 되었다.

듣고 볼 것이 단조로웠던 시골에서 도서관은 신세계였다. 호걸들과 결의를 맺기 좋아했던 유비도 말년에는 책을 많이 읽었다고 한다. 그가 죽기 전, 아들 유선에게 늘 책을 읽고 수련하라 했다. 경험을 확장하기 위해 책 읽기에 소홀할 수 없었다. 부지런히 읽다 보니 책 속의 영웅과 저절로 닮는 듯했다. 훌륭한 사람을 따라 하다 보면 습관이 되는 것은 틀림없는 사실이다.

　책을 읽으면서 중요한 부분은 밑줄을 긋고, 기억하고 싶은 문장은 메모해 두었다. 누가 가르쳐 준 것은 아니지만 책을 많이 읽다 보니 큰 도움이 되는 것 같아 습관으로 굳어지기도 했다.

　메모하는 습관은 수업 시간에도 이어졌다. 선생님의 설명을 듣다가도 중요한 부분은 간단하게 적어 두었다. 잠자리에 들기 전에 복습할 때 메모한 것을 보면 수업 시간에 들었던 내용의 이해가 잘 되었다. 복습에 이어서 예습까지 마치고 나면 곧장 일기를 썼다. 이러한 습관 때문인지 나는 초등학교, 중학교 다닐 때는 줄곧 1, 2등을 유지할 수 있었다.

　책 읽기와 복습, 예습한 뒤 일기를 쓰는 습관은 나를 성장시키는 훌륭한 자양분이 되었다. 책을 읽으면서 나의 잠재력까지도 발견하게 되었다. 좋은 습관을 꾸준히 유지한다면 장래에 큰 나무가 될 거라는 믿음도 생겼다.

III

영원한 멘토와 멘티

1. 외선미리에서 대구로
2. 영원한 멘토와 멘티
3. 내 인생의 ROTC

1. 외선미리에서 대구로

☐ 외선미리에서 대구로

나를 키운 8할은 고향과 가족이다. 그중에서 아버지는 내 인생의 나침반이기도 하셨다. 중학교 때까지는 품안에서, 고등학교 때부터는 멀리에서도 내가 방향을 잃지 않게 잡아주셨다.

중학교 2학년이 되던 해에 아버지는 매화중학교에서 평해중학교로 전근되셨다. 자연히 나도 매화중학교에서 평해중학교로 전학했다. 중학교 때까지는 아버지의 슬하에서 학교를 옮겨 다녔다. 하지만 아버지는 고등학교부터는 좀 더 큰 도시로 나가서 공부하라고 권하셨다.

아버지의 바람대로 대구에 있는 경북고등학교에 지원했다. 경북고등학교는 당시에 일류 고등학교였다. 대구뿐 아니라 다른 지방까지 명문 고등학교로 이름이 알려져 있었다. 나는 시골에서 1, 2등을 했었지만 낙방이었다. 나를 비롯한 시골 학교 출신 학생들은 음악, 미술 등 예능 성적이 떨어져서 일류 고등학교의 관문을 뚫고 들어가기가 무척 어려웠다.

2차 모집의 대구고등학교는 1차 학교인 경북고등학교에서 떨어진 학생들이 주로 몰려들어 시험을 쳤다. 나는 대구고등학교 문턱도 넘지 못했다. 처음으로 좌절감을 맛보았다. 또래 중에 내가 공부를 제일 잘하는 줄 알았는데 의외로 실패를 하자 자신감이 꺾였다.

일단 시골집에 내려가서 상처 난 마음을 추스르기로 했다. 고향 집에 머물었지만 마음이 안정되지 않아 책이 손에 잡히지 않았다. 낮에는 장작을 패거나 할아버지와 산에 나무를 하러 가곤 했다. 때로는 마을에 나가서 친구분들과 어울려 막걸리를 드시곤 하는 증조할머니를 집으로 모셔 오기도 했다.

그렇게 코스를 벗어난 공처럼 굴러가던 어느 날이었다. 온종일 방에서 뒹굴던 날, 방 귀퉁이에 쓸쓸히 기대어 서 있는 나무봉이 눈에 뜨였다. 나무봉은 중학교 때 자주 가지고 놀았었다. 그때 아버지와 친한 친구분의 아들이 우리 집에서 잠시 학교에 다녔던 적이 있었다.

나보다 한 학년 선배지만 나이가 세 살 많았던 형은 원래 전라도가 고향이었다. 우리 집에 오기 전에 절에서 생활했는데, 가슴 높이 정도의 나무 봉을 사용하는 봉술을 배워왔다. 그 형에게 나도 봉술을 좀 배웠다. 나와 같이 평해중학교에 다니던 형은 전국체전 높이뛰기대회에 출전해 2등을 했던 적도 있었다.

나는 그때를 기억하며 봉을 집어 들었다. 봉술을 익히면서 시간을 훌쩍 뛰어넘고 싶었다. 꺾여진 마음을 봉처럼 바로 세우고도 싶었다. 먼동이 트는 새벽녘에 뒷산으로 올라가서 기억을 떠올리며 연습을 했다. 추운 날씨에도 땀이 나서 속옷이 축축하게 젖었다.

허기도 돌고 해서 집으로 오는 길이었다. 산자락에는 산수유꽃이 노랗게 피어있었다. 시골에서는 개동백이라 불렀는데, 추운 날씨에도 아랑곳하지 않고 피어있어 대견했다. 해마다 산수유를 보아 왔으나 웬지 그 순간에는 더 반가웠다. 나에게도 곧 희망찬 새봄이 밀려올 것 같았기 때문이다.

시골집에서의 생활을 접고 4월경 대구로 갔다. 재수학원에 다니기 위해서였다. 대구에는 고등학교에 다니는 큰형이 있어서 함께 지낼 수 있었다. 드디어 재수 생활이 시작됐다.

학원가였던 삼덕동의 생활은 시골집 동네에서 경험하지 못했던 또 다른 생활이었다. 군중 속의 외로움이랄까, 사람들로 북적였지만 내가 의지할만한 사람은 없었다. 올바르게 이끌어 줄 멘토가 있어야 할 중요한 시기에 나는 혼자서 판단하며 생활해야 했다.

그러던 어느 날, 신문 기사에서 채명신 장군의 건강관리법을 보았다.

어딜 가든 줄넘기를 챙겨 다니면서 건강관리를 한다는 말이 인상적이었다. 나도 줄넘기를 가지고 다니면서 공부 시간 외에 짬짬이 체력 관리를 했다.

당시 큰형 친구들이 자취방에 종종 놀러 오기도 했다. 대구에서 '주먹'으로는 이름이 있다고 했다. 큰형 친구들은 내게 시내에 다니다가 누가 해코지를 하면 자기들 이름을 대라고 했다. 그 정도로 주먹이 센 형들이었다. 약자를 보호하는 의협심이 보였기에 약간은 동경의 대상이 되기도 했다.

학원에서 재수생들은 두발과 복장이 자유로웠다. 나는 자유도 좋았으나 고등학교 교복을 입은 학생만 보면 부러움을 감출 수가 없었다. 학원에서 중학교 3학년 학생들은 재수생들에게 선배 대접을 해주었다. 깍듯하게 형으로 불렀다. 그래도 나는 자격지심이 들었다. 불량스럽게 보이는 복장이나 태도가 기죽지 않게 할 거라는 생각이 들어 옷을 껄렁하게 입고 다니기도 했다.

☐ 50계단의 학교에서

길다고 생각했던 재수 생활도 끝났다. 고등학교를 선택할 때가 왔다. 마침, 계성고등학교가 동계 진학을 없애고 시험을 본다고 발표했다. 재수하는 동안 자유분방했던 나는 환골탈태를 해야겠다고 결심했다. 스포츠형 두발을 하지만, 공부에 집중할 수 있을 것 같은 분위기의 계성고등학교에 원서를 냈다. 합격이었다. 대학 캠퍼스를 연상케 하는 계성고등학교의 50계단과 느릅나무는 고향의 산길에서는 느끼지 못했던 분위기라 가슴이 벅찼다. 이곳에서 미래를 향해 질주해 보리라는 포부가 생기기도 했다.

당시 계성중고등학교는 유도가 특기였다. 정규과목에도 유도가 있을 정도였다. 한국 유도의 미래를 열어 갈 기대주들이 대거 재학 중이었다.

국제올림픽경기 중에서 유도 부문 메달리스트들이 이곳에서 탄생했다. 안병근, 이경근, 김재엽이 금메달로, 황정오, 곽대성이 은메달로 높이 날갯짓을 했다.

고등학교에 입학 몇 달 후 I.Q 검사를 받았다. 내가 전교생 중에서 두 번째로 높은 지능지수가 나왔다. I.Q 검사 후 담임선생님이 나에게 관심을 보이시며 기대를 하셨다. 선생님은 장교 출신으로 교련을 가르치셨는데 열심히 하면 성적이 올라갈 수 있다고 격려해 주셨다. 그런데 나는 공부를 열심히 하지 않아 선생님의 기대에 부응하지는 못했다.

☐ 복싱을 배우다

고등학교를 다니던 어느 날이었다.

중학교에 다닐 적에 유도를 했다는 친구와 사소한 말다툼을 벌이게 됐다. 나중에 화해했지만, 그 친구를 이기고 싶은 마음을 누를 수 없었다. 3년 동안 유도를 해 온 친구와 유도로서는 내가 이길 수 없다는 생각이 들었다.

그날 집으로 오면서 유도하는 친구를 이길 수 있는 복싱을 배워야겠다고 마음먹었다. 고향 집에 있을 때 감나무 밑에 샌드백을 달아놓고 치기도 했고 나름대로 책을 보고 연습도 했던 터였다. 여러 가지 운동이 있지만 싸움 기술로는 복싱이 큰 도움이 될 것 같았다.

자취하는 집에서 가장 가까운 복싱 도장은 남문시장에 있었다. 자취방에서 남문시장까지 빠른 걸음으로 가면 30분이 안 걸리는 거리였다. 새벽에 일어나 먼저 조깅을 했다. 여유가 있는 휴일에는 아침에 국가대표 선수처럼 성당못까지 뛰고 복싱 도장에 갔다.

TV를 통해 복싱선수들이 훈련할 때 줄넘기하는 모습을 자주 보았다. 재수 시절부터 계속 줄넘기를 했지만 부족하게 느껴져 도장에서 거울을 보면서 스텝 연습을 하고 복싱 훈련을 했다. 유도하는 친구들과 어깨를 견주기 위해서는 몇 배 더 노력해야 한다고 생각 때문에 훈련이 힘들 지는 않았다. 아침마다 그렇게 훈련을 하고 학교에 가니 수업시간에 졸리는 건 당연했다.

나는 머리가 괜찮은 편이니 공부는 나중에 마음만 먹으면 따라갈 수 있다고 생각했다. 하지만 1학년 후반기부터 공부에 열중해야겠다고 생각했으나 성적은 쉽게 올라가지 않았다. 자취하면서 운동까지 하니 그럴 수밖에 없었는지 모른다. 늘 뒷자리에 앉아 수업 분위기를 흐려놓기도 했다. 공부에 집중이 안 되고 피곤해서 수업시간에 졸기 일쑤여서 성적은 중간 정도밖에 되지 않았다.

☐ 그 시절의 TV에서는

1972년, 내가 고등학교에 다닐 당시에는 TV가 흔하지 않았다. 농촌 마을에서는 한두 집쯤 텔레비전이 있었다. 대구의 자취 집에도 주인집을 포함해 4가구가 살고 있었으나 TV는 주인집에만 있었다.

그 당시 가장 인기 있는 TV 연속극은 '여로'였다. 그해 4월 초부터 12월 말까지 방영된 일일드라마였다. 오늘날까지 TV 방송 사상 최고의 국민 드라마라고 해도 과언이 아닐 것이다. '여로'를 방영할 때는 의례 일찍 저녁 식사를 하고 주인집 마루에 모여 앉아 TV를 시청했다.

코미디극에 나오는 바보의 대명사 영구가 '아버지야 제기차기 하자'라고 떠듬거리는 멘트를 보면서 웃기도 하고 코미디언 이기동의 '왔다리 갔다리 춤'을 따라 하기도 했다.

이끌어주는 사람 없는 자취 생활을 하면서 목표 의식 없이 TV를 보거나 공부와 상관없는 생활을 하면서 나의 고등학교 시절이 그냥저냥 흘러갔다.

2. 영원한 멘토와 멘티

☐ 소년 전성시대

　고향을 떠나 낯설고 물선 곳에서 공부에 집중하지 못한 채 주변 환경에 휘둘리면서 시간을 보내기만 했다. '나'라는 존재는 그저 도시의 보잘것없는 한 사람의 자취생일 뿐이었다. 중학교까지의 내가 북두칠성처럼 빛나는 별이었다면, 고등학교 시절은 은하수 변두리에서 여름철에나 보일 듯 말듯 흐릿하게 빛을 발하는 존재감 없는 남두육성일 뿐이었다.

　학교에 가면 이름만 대도 알만한 집안의 학생이 여럿 있었다. 선생님들의 입장에서 나는 미미한 존재였다. 그나마 친구들 사이에서는 운동을 잘한다는 인정을 받았다. 매화초등학교 운동회에서 '올 타임 넘버원'이었던 운동 감각은 고교 시절에도 살아 있었다. 반에서 달리기는 1등이었고 배구, 농구는 대표로 뽑힐 수 있는 실력이었다.

　그 당시 나는 친구들과의 기 싸움에서 밀리지 않으려고 애썼던 것 같다. 공부에는 별로 집중하지 않았다. 학교에서 적당한 말썽꾸러기로 알려져야 친구들이 나를 대하는 태도가 달라진다는 객기 어린 생각을 했다. 그러다 보니 나는 어느새 말썽꾸러기 쪽으로 기울어지고 있었다.

　장래 희망을 정해 놓고 열심히 공부해야 할 시기였지만, 그것보다 친구들에게 인정받고 싶은 마음이 더 강했다. 헤비급 유도선수였던 영보, 아버지가 부지사였던 종은이와 다른 친구 몇 명이 자주 어울려 다녔다.

　주말에는 경산 사과밭 투어를 했다. 입장료 몇 천 원을 내면 사과를 마음껏 먹을 수 있었다. 우리는 사과나무를 흔들어서 떨어진 것을 주워 먹기도 하고, 손이 닿는 가지에서 따 먹기도 했다. 배를 두들겨가면서 먹고도 돌아올 때는 교련복 허리춤에 사과를 불룩하게 넣어 왔다.

평일에는 모자를 삐딱하게 쓰고 동성로를 비롯해 대구 시내에서 제일 번화한 거리를 쏘다녔다. 덩치가 아주 큰 영보는 주머니에 손을 넣고 허리를 구부정하게 해서 쇼윈도우를 들여다보았다. 그 모습이 어찌나 우습던지 우리끼리 따라 하면서 배꼽을 잡고 웃기도 했다. 말똥 굴러가는 것만 봐도 웃음이 나온다는 소녀 이야기도 있지만, 소년들도 마찬가지라는 생각이 들었다.

나와 같이 재수를 했던 봉회와는 등산도 많이 다녔다. 사과밭 투어에 이어서 다른 주말에는 팔공산으로 갔다. 텐트를 치고 사내들끼리 수다스럽게 떠들며 싸 가지고 온 여러 가지 간식을 풀어놓고 먹기도 했다.

"으앗"

나는 깜짝 놀랐다. 간식을 먹다가 먹음직스럽게 보이는 튀김을 한입 베어 먹고 모양을 봤더니 너무나 징그러웠다. 닭발 튀김이었다. 놀라는 나를 보고 친구들은 배꼽을 잡고 웃었다. 당황스러워하는 나는 아랑곳하지 않고 친구들은 볼이 미어터지게 닭발 튀김을 먹었다. 그날 이후 지금까지도 닭발 튀김은 먹지 않는다.

그날은 '곰'이라는 별명도 얻었다. 야영하면서 내가 텐트 속으로 느리게 들어오는 모습이 꼭, 곰과 같다고 봉회가 지은 별명이었다. 지금 생각하면 하루하루가 지루할 틈이 없었던 고교 시절이었다.

□ 엉덩이에 불난 날

1972년 유신헌법 선포 후, 학생들은 반드시 30% 이상의 보리가 섞인 도시락을 싸와야 했다. 점심을 먹기 전에 담임선생님의 도시락 확인은 필수였다. 나는 미리 검사를 받은 앞자리 친구의 도시락을 가져와서 검사를 받았다. 자취생이라 도시락 준비가 힘들었다. 도시락 검사를 마치고 학교 매점에 가서 우동을 먹고 있다가 담임선생님과 눈이 딱 마주쳤다. 방과 후 교무실로 오라는 불호령이 떨어졌다.

그날은 머피의 법칙이 작용한 날이었다. 옆자리 친구가 약을 바짝 올려 혼내려는 찰나 담임선생님께 들켰다. 말썽이 합쳐져서 교무실에 불려가 담임선생님께 엉덩이에 불이 나도록 매를 맞았다. 공부하면서 놀기도 해야 하는데, 놀기만 하다가 선생님께 혼나기도 했다.

□ 영원한 멘토와 멘티

아버지께서 학교에 오신 것은 고등학교 3학년 때 진학 상담을 하기 위해 학교를 방문하라는 연락이 집으로 간 것이었다. 아버지께서는 나에 대한 이런저런 이야기를 담임선생님께 미리 다 들으셨다. 아버지와 나는 운동장의 느티나무 밑 벤치 쪽을 향해서 걸어갔다. 그동안 아버지와 걸어간 그 어떤 길보다 발걸음이 무거웠다.

"앞으로 어떻게 할래?"

아버지의 짧은 물음에 만감이 교차했다. 대구에 와서 보냈던 시간이 영사기의 필름처럼 돌아갔다. 아버지께 너무 죄송해 말없이 땅만 내려다보고 있었다. 아버지는 나를 믿었기에 도시로 유학 보내놓고 안심하셨다. 중학생 때까지와 같이 내가 성적관리도 잘하고 모범 학생 생활을 할 거라고 여기셨다. 하지만 담임선생님으로부터 나에 대한 뜻밖의 이야기를 듣고 가슴이 철렁 내려앉으셨을 것이다.

한참 동안 말씀이 없으시던 아버지는 내가 갈 길을 일러 주셨다. 지금부터라도 대학 진학을 목표로 열심히 준비하라고 단호하게 말씀하셨다. 아버지의 한 마디에 나는 전광석화처럼 정신이 번쩍 들었다. 과묵하신 아버지는 더 이상의 말씀을 하지 않으셨다. 아버지의 힘없이 멀어져 가는 뒷모습을 바라보면서부터 '삐딱선'을 타던 생활은 끝을 맺었다. 그 후부터 학교에서 24시간을 보내는 독서실 생활을 하면서 줄곧 공부에 열중했다. 예비고사를 치기까지 몇 개월 동안은 그런 생활이 지속됐다. 아버지를 실망시키고 싶지 않았고, 장래가 걸려 있는 시기였기 때문에 혼신을 다하던 때였다. .

　고려대학교 법대에 진학하고 싶었지만, 진학률을 따지시는 담임선생님은 원서를 써 주지 않으셨다. 수준을 낮추어 원서를 내야 했다. 아버지는 앞으로 경제 분야가 유망하니 그 분야가 강한 중앙대학교을 지원하라고 이르셨다. 아버지는 경희대학교의 전신인 신흥대학 영문과 출신이시다.

　지금 되돌아보아도 아버지의 객관적인 안목이 대단하시고, 진정한 멘토였음이 분명한 것 같다. 아버지의 멘트로 진로를 빨리 결정할 수 있었고, 성적이 그 수준이어서 우리 반에서 몇 번째 빨리 원서를 쓸 수 있었다.

　나는 가끔 아버지가 어떻게 학교에 다니셨는지 궁금했다. 아버지는 울진중학교 1회 졸업생으로 울진에서 하숙을 하셨지만 주말에는 고향 외선미리에서 울진 읍내까지 걸어서 다니셔야 했다. 대중교통이 없었을 때라 주말이면 한나절을 걸어서 오가야 했을 것이다. 고등학교부터는 서울로 가셨다고 한다. 그 시절에 울진 사람이 서울에서 학교에 다니는 일은 아주 드문 일이었다.

　'사람은 서울로, 말은 제주도로 보내라.'는 말을 실천하신 할아버지 덕에 아버지는 서울에서 고등학교와 대학을 다니셨다. 아버지도 자식들을 대도시에서 교육시켜야 한다는 신념을 가지셨다.

　입학시험을 치르기 위해 아버지와 함께 서울로 갔다. 서울의 버스터미널에 내리자 전국 사투리가 뒤섞여 정신이 없었다. 그야말로 '단디' 마음먹지 않으면 길을 잃을 것 같았다. 여관을 잡아 묵고 시험을 봤다. 시험을 마치고 나오자 아버지는 남대문 근처의 친척 집에 들르자고 한강교를 건너가자고 하셨다. 시험도 쳤고 말로만 듣던 한강 다리도 건너보니 서울 사람이 되는 것 같았다.

　요즘처럼 홈페이지 검색으로 합격자 발표를 알 수 없던 그 시절, 아버지와 나는 친척 집과 우리가 묵었던 여관에 합격자 발표를 봐달라고 부탁해 두었다. 합격자 발표 날, 우리 마을 이장이 여관집에서 전해 준 합격 소식을 알려 주었다. 그 당시 우리 마을에는 이장 댁에 행정용 전화가 한 대 있었다.

전보가 도착한 온정우체국에서도 마을의 경사라며 이장 댁에 전화를 해주었다. 다음날 온정우체국의 전보를 직접 받아보니 합격 이전까지 겪었던 우여곡절들이 순식간에 씻겨나가는 느낌이었다.

□ 서울에 입성하다

중앙대학교에 입학했다. 이 대학은 한국 최초로 유치원 교육에서부터 출발해 민족의식을 고취하기 위해 설립됐다고 한다. 한국의 잔다르크라 불렀던 승당 임영신 박사가 대한민국의 독립을 내세우며 대학의 기틀을 마련했다. 유치원 교사 양성학교였던 중앙보육학교가 현재 이 대학의 전신이다. 중앙대학교는 학생들을 의와 참의 정신을 바탕으로 장차 동량지재(棟樑之材)가 될 수 있도록 양성하는 대학이다.

나는 부모님의 부담을 조금이라도 덜어드리기 위해 기숙사로 들어갔다. 기숙사는 학교에서 가장 꼭대기에 있었다. 바로 앞에는 학교 대운동장이 있어서 운동하기가 좋았다. 그러나 캠퍼스에서 수업을 마치고 기숙사로 가려면 높은 계단을 올라가야 하는 부담이 있었다.

기숙사는 3층 건물이었다. 3층에는 일반 학생들이, 2층은 체육과의 야구와 축구선수들이 사용했고 1층과 지하는 편의시설이었다. 방 한 칸에 2층 침대가 2개 있어서 4명이 생활하는 구조였다. 3층에서 바라본 운동장은 무척 넓었다. 나는 기숙사 계단을 뛰어 내려가 운동부터 하고 싶었다.

기숙사는 일장일단이 있었다. 저녁 점호 시간이 있어 일단은 밤 10시까지 귀가해야 했다. 전국 학생들이 모이다 보니 공부 방법이나 습관도 제각기 달랐다. 늦게까지 불을 켜서 다른 학생에게 방해가 되는 경우도 있었다.

신입생들은 환영회나 모임의 참석이 잦아 선배들보다 술 마실 기회가 많았다. 술에 취했을 때 행동도 가지각색이었다. 헤어진 애인과의 연애담은 기본이었다. 침대 2층에서 술에 취해 자던 신입생이 갑자기 구토하는 날에는 밑에 있는 선배의 고충이 이만저만이 아니었다. 잠을 설쳐가며 세숫대야로 구토물을 받아야 했다.

□ 갈라진 바둑판

기숙사 생활을 하면서 나와 친했던 선배들이 있었다. 그중에는 완도 사투리가 구수한 완도 형, 유디티를 나온 공대 선배가 있었다. 그 선배를 그냥 유디티 선배라고 불렀다. 유디티 선배는 나보다는 바둑에서 상수였으나 나와 가끔 바둑을 두었다.

하루는 서로 핸디캡 없이 대국했는데 내가 물려주지 않으면 이길 수 있는 상황이었다. 그 상황에서 선배는 한 수만 물러 달라고 했다. 나는 무의식 속에서도 경쟁에서는 1등을 놓칠 수 없다는 생각으로 불퇴의 입장을 고수하고 있었다.

한참 실랑이를 벌이다가 유디티 선배가 벌떡 일어나더니 야구방망이를 들고 왔다. 바둑판을 침대 사이에 걸쳐놓고 냅다 내리치는 것이었다. 바둑판이 쩍 갈라졌다. 선배는 이제 다시는 바둑을 두지 말자고 했다. 쌀쌀한 저녁 바람이 기숙사를 휘돌았다. 그 후 그 선배와는 바둑은 두지 않고 인생사를 안주로 소주를 마시는 사이가 됐다.

기숙사에서 평소 친하게 지냈던 사람들은 유디티 형 외에 농구 주장이던 원국이 형, 야구를 하는 구왕이 형, 승귀 형, 충원이, 용달이었다. 바둑판이 갈라진 사건 이후로는 야구부 선수들과 동심동덕(同心同德)했다.

□ 선유도의 혼불

 대학에 갓 입학했을 무렵이었다. 검도부에 들어오라는 선배의 권유를 받았다. 당시 검도부는 한강이 내려다보이는 예술대학 옥상에서 훈련했다. 호구를 쓰고, 검은 도복 차림에 죽도로 대련하는 모습은 단정하면서도 위엄이 느껴졌다. 그 모습에 매료되어 검도부에 가입했다.
 입학 후, 캠퍼스에 있는 청룡 연못만 들여다보던 나는 그날부터 검도 연습에 들어갔다. 상대의 허점을 노려 공격하는 것만이 검도가 아니었다. 검술로 마음을 품격 있게 닦고 담력을 기르는 운동이었다. 죽도를 들고 줄기차게 연습을 하다 보니 며칠간은 팔을 들어 올릴 수도 없었다. 숟가락을 들지 못할 만큼 팔에 감각도 없었다. 숟가락을 들어 올릴 수 없어서 고개를 숙여 밥을 먹어야 했다.
 이 기이한 행동은 기숙사 친구들의 흥밋거리가 되었다. 그래도 검도를 멈추지 않았다. 한 학기가 지나가고 방학을 맞아 검도부 여름 캠프에서도 활동하고 싶었다. 검도를 더 배우고 싶었지만 팀의 예산 문제로 여름 캠프는 논의로 마칠 수밖에 없었다.
 여름 방학에 빠질 수 없는 것이 여행이다. 군산 선유도로 여행 갈 기회가 생겼다. 나와 친구. 친구의 동창들과 선유도 명사십리 모래사장으로 내려갔다. 바위섬 망주봉 아래 텐트를 쳤다. 아르바이트가 귀했던 시절, 우리는 모랫가나 공터에서 잡상인이 되었다. 군산에서 사 간 소주와 안주를 한 쪽에 두고 피서객들의 관심을 끌려고 애썼다. 여객선 도착 시간에 맞춰 부두로 달려가 피서객들의 짐을 들어주며 술과 안주가 있다고 광고했으나 돌아오는 반응은 시큰둥했다. 가끔은 부두에서 짐을 들어준 여학생 피서객들이 찾아오긴 했지만 아무것도 사가지는 않았다.
 팔려고 가지고 간 것을 펼쳐 놓고 먹고 마시며 여행의 기분을 한껏 냈다. 밤이 깊어 다들 잠자리에 들었다. 잠결에도 축축한 기분이 들어 일어나 보니 텐트 바닥에 물이 차올랐다. 텐트 밖은 바닷물이 들어와서 물건들이 둥둥 쓸려가고 있었다. 동해안과 달리 서해는 조수간만의 차이가 커서 텐트 친 곳까지 물이 차 올랐던 것이다.

자리를 옮겨 텐트를 세우고 주변 정리를 하다 보니 잠이 달아나서 다시 잘 수가 없었다. 텐트 밖으로 나가 멀리 해안선을 바라보고 있었다. 구불구불한 해안선을 따라 신비로운 빛이 반짝거렸다. 푸른빛과 초록빛이 섞인 불빛들이 깜박거렸다. 반딧불이가 아니었다. 사람의 불, 혼불이라고 했다. 학술적으로는 인골 등의 인이나 신기루 등이 자연 발화하면서 생기는 빛이라고 하는데, 주로 비 오는 밤에 도깨비불처럼 공중을 날아다닌다고 했다.

그만한 풍경은 그 후 다시는 구경하지 못했다. 37년이 지나 반딧불이의 3D, 4DX 영상을 보게 되었지만, 그때의 감동만은 못했다. 제임스 카메론 감독이 만든 '아바타'의 특수효과도 그런 자연의 감동에는 못 미쳤다. 아바타의 신령한 요정이 사는 숲의 배경, 플리트비체 국립공원의 반딧불이보다 선유도의 혼불이 더 신비로웠다.

□ 담력을 쌓다

선유도 여행에서 소기의 목적을 이루지 못했으나 나름으로 새로운 경험을 했다. 장장 열흘을 보내고 고향 집으로 돌아갔다. 여름 방학을 보내기에 한 푼도 귀했던 나는 홀로 가 볼 만한 곳으로 선산(先山)을 택했다. 며칠을 보낼 요량으로 선유도에서 가져왔던 배낭에 간식을 두둑이 챙겼다. 선산에 있는 염소 우리 근처에 텐트로 나만의 집을 탄탄하게 세웠다.

선산은 금장지맥의 중턱에 있다. 첩첩산중에서도 멀리 바다를 볼 수 있을 만큼 시야가 확 트였다. 굳이 풍수 이론을 들지 않더라도 길지라는 느낌이 들었다. 선산의 협곡은 감탄사가 절로 나오는 비경을 이루지만 밤에는 인적이 없어 그냥 집으로 돌아가고 싶어졌다. 염소우리에서 들려오는 작은 소리에도 귀가 쫑긋했다. 비가 와서 음산한 기분이 더해졌는데 텐트 위로 기어오르는 물체가 있어 머리가 쭈뼛 섰다.

새벽이 되어 비가 그치자마자 죽도로 머리치기를 수십 번이나 했다. 머리, 손목을 외치며 기합을 넣었다. 나도 모르게 엄청난 담력이 생기는 듯했다. 날이 밝은 뒤, 텐트에 올라갔던 물체가 들쥐였다는 사실을 알았다. 담력 훈련을 위해 머물렀던 선산의 시간을 마치고 유유자적 하산했다.

3. 내 인생의 ROTC

□ 내 인생의 ROTC

대학교 1학년 여름 방학을 보내고 2학기를 맞았다. 첫날부터 막걸리 파티를 열었다. 학과 친구들과 다시 만난 것이 반가웠고, 내가 학과 수석을 해 첫 장학금을 받아 기분이 좋아서였다.

그때 나는 학점 잘 받고 학교생활만 충실하면 된다고 생각했다. 성인이 되고 대학생이 된 기쁨을 만끽하려는 주변의 들뜬 분위기에 같이 휩쓸려 좀 더 내실 있는 시간을 갖지 못했다. 이 무렵에는 장래의 진로에 대한 목표를 세우고 착실하게 준비하는 지혜가 필요했을 텐데 미처 그 생각을 하지 못하고 학점 위주의 학교생활에만 충실하려 했던 게 지금도 아쉬움으로 남아 있다.

남자들은 대학 1학년 생활을 대개 흥청거리며 보낸다. 병역의무로 대학 4년을 연속으로 다닐 수 없는 상황이기 때문이다. 입영을 기준으로 무언가를 계획하고 준비해야 한다. 대다수 학생은 입대하기 전까지는 그저 대학 생활을 만끽했다. 또 다른 부류는 입대 전, 무언가 이루려고 고시원을 찾거나 도서관에서 공부에 매달려 입영 연기를 하기도 했다.

2학년이 되자 내게도 병역 통지서가 왔다. 고향 집에서는 방위로 입대하기를 원했다. 시골이 고향이면 대부분 방위로 빠질 수 있었는데 근무 기간은 6개월이었다. 하지만 나는 ROTC(학생군사교육단)를 지원해서 장교가 돼야겠다고 마음을 굳히고 입영 연기를 했다.

장교로 입대하려고 결심한 배경이 있었다.

고등학교 때 육군사관학교를 졸업해 호국간성(護國干城)이 되는 꿈을 꾸기도 했다. 한

선배의 행복한 모습이 그런 꿈을 꾸게 했다. 선배는 ROTC 교육을 마치고 임관해 포천에 있는 부대에서 소대장으로 근무하고 있었다. 우연한 기회에 선배의 집을 방문했는데 선배는 일찍 결혼해 형수와 살고 있었다. 좁은 방에서도 선배 부부는 서로 즐거운 표정으로 대화를 나누었다. 그 모습을 보니 나는 더욱 장교가 되고 싶어졌다. 아내가 된 중학교 동창 정수와 사귀고 있었던 나는 한때 육군사관학교를 지원하고 싶을 만큼 군에는 장교로 가야겠다는 생각을 하고 있었다. 장교가 되면 통솔력도 생기고 금상첨화로 일찍 결혼까지 할 수 있다는 생각이 들었다.

2학년 가을에 나는 ROTC 모집에 지원했다. 3학년이 되면서 입단하기 때문에 2학년만 지원이 가능했다. 나는 대부분의 운동에 1등을 했었고, 필기시험도 잘 치를 자신이 있었지만 걱정이 되는 부분도 있었다. 육군본부의 취업 알선제도 때문에 갑자기 ROTC의 인기가 증폭되어 경

쟁이 치열해졌다. 신원조회에 의한 탈락제도도 있었는데, 당시 우리 고향에 간첩이 자주 출몰해 불온지역으로 분류된다면 탈락할 수도 있다는 우려 때문이었다. 그러나 3대 1의 경쟁률을 뚫고 중앙대 ROTC 제111 학군단에 입단하게 됐다.

☐ 흑석동 눈물고개

사병 조직이든 장교 조직이든 군인들이 소속해 있는 곳에서는 고참들의 군기 잡기가 빠질 수 없다. ROTC 신입생에게도 기강을 내세우며 군기 잡기가 만만치 않았다. 자유분방한 대학생 티를 벗겨내기 위해서였다. 첫 소집을 하던 날, 군복 치수만 재고 해산될 거라고 생각했는데 그렇지 않았다. 장교의 덕목을 일러주는 연대장이 연설을 마치면 선배가 한 명, 한 명 연단에 올라갔다. 선배들의 무용담이 끝나면 신입생 훈육 '얼차려'가 기다리고 있었다.

"지금부터 말을 놓겠다!"

"눈을 감는다."

"알겠나?"

공포감을 조성하기 위해 눈을 감게 했다. 싫어도 눈을 감지 않을 수 없었다. 내가 눈을 뜨면 구타당하고 눈을 감고 있으면 눈을 뜬 다른 사람이 구타당하는 소리가 들렸다. 지금 여기에 서 있는 것이 옳은 일인가 싶은 마음이 들기도 했다.

여러 가지 방법으로 후배들에게 선배를 가장 무서운 존재로 만들어 놓았다. 청소 짐호가 이루어질 때는 하얀 장갑을 끼고 와서 창틀을 쓸어본 뒤 간담이 서늘할 정도로 혼냈다. 1차 집합 교육 2주째의 마지막 날이 제일 혹독했다. 그날은 흑석동 84번 버스 종점에서부터 학교 운동장으로 가는 길까지 오리걸음으로 걸어가는 훈련이 있었다. 일종의 에니멀 트레이닝이었다.

ROTC 입교생들은 흑석동 그 길을 '눈물고개'라고 불렀다. 그냥 걸어도 20분 거리인데 오리걸음으로 걸으니 눈물이 쏙 빠졌다. 그렇게 훈련을 마치면 1차 집합 교육은 통과한 셈이었다. 통과된 입교생 중에는 감회의 눈물을 흘리는 학생도 더러 있었다.

둘째 주 마지막 날, 교육이 끝나면 단과대학별로 선배들의 집합 교육이 있었다. 주로 큰 강의실이었지만 경우에 따라서는 한강대교 밑으로 오라는 단과대학도 있었다. 여기서 한두 시간 군기를 잡고 회식을 했다.

우리도 강의실 집합 교육 후 한강 다리 밑에서 또 한 번 소집됐다. 한강 다리 밑에서 몇 차례 얼차려 후 장교단가를 목이 터져라고 부르고 나면 막걸리 파티가 열렸다. 선배들이 사주는 술, 우리끼리 선배 흉보며 마시는 술, 이럴 땐 꼭 단골로 등장하는 선배들이 있었다.

우리는 앞으로 2년차가 되더라도 이렇게는 하지 말자면서 막걸리를 마시다 보면 어느새 훈련받던 기억은 사라졌다.

중앙대 ROTC 제111 학군단은 모범상을 받은 생도도 많았고 군기가 거세기로 서울에서는 이름이 나 있었다. 훈련을 받을 땐 힘들어도 밖에서 친구들이 '111학군단 군기 세다며?'라고 묻는 소리는 듣기 싫지 않았다.

□ **장교는 우산을 쓰지 않는다**

ROTC 입단 이후 문밖으로 나가는 순간부터 신경이 쓰였다. 나는 공부할 때만 안경을 끼고 평소에는 끼지 않는 습관 탓에 길에서 만난 선배를 제대로 알아보지 못했다. 단복 가슴에 학년 표시가 있는데 막대기가 3개면 1년차, 4개면 2년차다. 시력이 나빠서 동기인지 선배인지 얼른 구분할 수가 없었다. 안경을 끼지 않고 외출할 때는 할 수 없이 ROTC 친구를 오른쪽에 세웠다. 두 사람 이상 다닐 때면 오른쪽 사람만 인사하면 되기 때문이었다.

단복을 입은 우리는 모두 당당했다. 그 시절에는 장발이 유행이었다.

나는 머리숱이 많고 억센 데다 얼굴도 큰 편이어서 장발이 어울리는 건 아니었다. 하지만 머리가 길면 더 멋있어 보인다고 생각하며 무조건 머리를 길렀다. 그러나 ROTC 입단을 하고 나서 머리카락을 단정하게 자르니 훨씬 잘 어울렸다. 짧은 머리에 단복을 입으니 내가 봐도 좀 괜찮은 남자로 보였다.

특히 여름 단복은 윗옷이 흰색이라 더 빛나 보였다. 비 오는 날에는 미군들이 즐겨 입는 레인코트까지 걸치면 문무를 겸비한 장교 모습이었다. 필요하기도 하지만 대개는 멋으로 입기 위해 사는 경우가 많았다. 레인코트를 입으려고 비 오는 날에는 일부러 외출하기도 했다. 군대 생활을 해본 사람이라면 비 오는 날 우산 대신 판초를 입고 훈련을 받은 추억이 있을 것이다.

"군인은 비를 피하지 않습니다!"
"군인은 비가 와도 우산을 쓰지 않습니다!"
"알겠습니까?"

장교는 사병보다 모든 일에 더 인내하며 살아가야 한다는 가르침이었다. 그래서 장교는 우산을 쓰지 않는다는 것이었다. 그 습관 때문에 지금도 우산을 잘 쓰지 않는다.

◻ 군기 잡기

대학 입학시험을 보던 날 넓고 긴 한강 다리를 처음 보았다. 대학에 다니는 동안에는 한강 다리 지나는 고향 집 땅을 밟는 것과 다름없었다. 1917년부터 2018년까지 한강을 가로지르는 다리는 24개나 놓였다. 이들 가운데 처음 설치된 다리는 한강대교이고 예전에 지방에서 한양으로 가는 관문인 동작대교다. 그 사이의 흑석동에 자리잡고 있는 모교 중앙대학교는 한강을 바라보고 있다.

84번 버스를 타고 한강대교를 지나 강변길로 달려가면 흑석동 버스

종점이다. 그곳은 나의 정차역이며 즐겨 찾던 먹자골목이 있었다. 수업 시간을 빼놓고는 습관처럼 매일 먹자골목을 기웃거렸다. 전 모둠, 순대, 돼지갈비 등 '천하일미' 막걸리 안주들이 학비도 빠듯한 형편인 내게 침을 고이게 했다.

북적거리는 전통시장 분위기의 먹자골목은 나와 친구들에게는 참새 방앗간이었다. 야구부 선수인 용달이, 충원이, ROTC 지홍이, 용국이가 만나서 순댓국에 양념장으로 간을 맞추어 분주히 숟가락질을 했다. 주전자에 가득 채운 막걸리를 양은잔에 부어 마셨다. 취하도록 과음해도 눈이 곧 초롱초롱해지던 시절이었다. 술친구는 친구가 아니라는 말도 있지만, 나와 용달이, 충원이, 지홍이, 용국이는 술을 마시면서 의젓한 대학생이 되어 갔다.

ROTC 1년 차였던 어느 날, 야구부 선수들과 먹자골목에서 막걸리를 마시고 있었다. 밤 9시의 늦은 외출이라 사복 차림으로 나갔다. 장교후보생이 지켜야 할 규율로 외출 때는 단복을 입어야 했으나 저녁이라 잘 안 보일 거라고 생각했다. 그래도 선배들에게 발견되면 어떤 일이 벌어질지 몰라 신경이 쓰였다.

야구부 선수들과 걸어가고 있을 때 마침 ROTC 2년 차 선배가 이 모습을 목격했다. 체격은 작지만 후배들에게 기합을 많이 주기로 소문난 선배였다. 나는 그 선배가 나를 보고 있다는 걸 알았지만 덩치 큰 선수들 틈에 끼여서 고개를 돌리고 지나쳐 버렸다.

그만 사달이 났다. 이튿날, R3(훈련 담당 간부)로부터 호출을 받았다. 나는 간부 사무실에 불려가 발끝만 내려다보고 있었다. R3의 호통이 터졌다.

"귀관은 어제 사복 차림으로……!"

나는 그런 적이 없다고 했지만 훈련 담당 간부의 손은 내 가슴을 서너 번 세차게 쳤다. 그리고는 "제가 데리고 나가서 훈련시키겠습니다."

라고 엄격하고 단호하게 말했다.

그와 나는 옥상에서 마주 섰다. 평소 ROTC에 대한 자부심을 일깨워 주기도 한 고등학교 선배였다. 기합을 주는 척 호통을 쳤지만 주먹으로 가슴을 치지는 않았다. 다만 사무실에 있는 다른 간부들에게 기합을 주는 것처럼 보이게 하려는 의도였을 것이다. 그 선배는 나에게 담배를 권하며 그 경위를 말해 주었다.

전날 나를 알아보고 지나간 선배가 간부 사무실에 알렸는데, 작은 체구의 그 선배는 덩치 큰 체육과 친구들이 나를 에워쌌고 있었기 때문에 현장에서 벌을 주지 못했다. 보통 때 같으면 그 자리에서 얼차려를 시키는 선배였다. ROTC 훈련 기간에는 복장, 두발, 행동 등이 통제될 수밖에 없었다. 여러 가지 통제들, 그 자체가 훈련이었다.

☐ 그 시절의 추억들

2년간 ROTC 훈련을 함께하는 동안 동기들과의 추억들도 만만치 않다. 해마다 열리는 중앙대 ROTC 축제는 학군단 내의 가장 큰 행사였다. 학군단 후보생뿐 아니라 후보생의 파트너나 다양한 참가자들에게 학군단의 존재감을 알려주는 축제였다. 나는 그때 축제 분위기를 더 끌어올리고 싶어 가발을 착용했다. 가발 쓴 나를 여자친구는 금방 알아채지 못했지만, 알아보고는 배꼽을 잡고 웃었다. 가발 착용의 부작용으로 머리가 가렵고 땀이 줄줄 흘러내렸다. 축제를 만끽하려던 청춘 시절의 잊히지 않는 추억이다.

이 가발은 같은 과 ROTC 동기인 현수의 가발이었다. 1년차 때 1박 2일로 단체로 여수에 갔을 때 동기들은 모두 단복 차림이었는데 현수는 가발을 쓰고 갔다. 여수에서 오동도 야경을 보며 오랜만에 먹어보는 회를 안주로 시간 가는 줄 모르고 소주를 마시다가 걸어 나오니 통행금지 시간이 지나버렸다.

우리는 순찰 경찰에게 적발돼 경찰서로 연행됐다. 한참 자초지종을 이야기하다 보니 경찰서장이 중앙대 법대 선배였다. 서장의 훈시를 듣고 나오려는데 현수 머리가 장발이라고 지적했다. 현수는 할 수 없이 가발을 벗었다. 그 순간 웃음이 터져 나왔다.

그때는 연예인을 직접 만나기가 어려운 시절이었다. 그러나 캠퍼스에서 직접 배우를 보기도 했다. 기숙사에 가자면 예술대학를 거쳐야 하는데 연극영화과 학생들과 마주치는 기회가 많았다. 2,300대 1의 경쟁률을 뚫고 영화에 출연한 배우 유지인을 기숙사 가는 길에서 만나기도 했다.

유지인은 1년 선배다. 재학 중에 출연한 영화 '그대의 찬 손'은 사관생도의 순애보를 각색한 영화였다. 나는 머잖아 소위로 임관되고 결혼도 할 예정이라 이 영화를 보고 싶었으나 관람 기회를 놓쳤다. 그러나 영화의 주제가였던 어니언스의 '편지'는 자주 어물거리며 따라 불렀다. '하~얀 종이 위에 곱게 써 내려간……' 영화 속의 노래가 유행해 후보생들이 가슴에 담은 사연을 깨알같이 적어 연인에게 보내기도 했다.

ROTC 2년차 하계병영훈련은 9월 초에 끝났다. '한번 장교는 영원한 장교다'라는 말을 자연스럽게 내뱉을 만큼 대한민국의 어엿한 장교가 된 듯한 기분이었다. 턱을 괴고 여유롭게 깃동잠자리의 날개 끝을 바라보면서 미래를 떠올려 보았다. 앞으로 나는 어떤 일을 하면서 마음껏 날갯짓을 할 수 있을라는 생각에 젖어 드는 시간이 늘어 갔다.

□ 이병철 선대 회장의 면접

2차로 하계 병영훈련이 끝나고 학교로 왔을 때, 마침 삼성에서 졸업생 대상으로 신입사원 모집 안내 홍보를 하고 있었다. 그 시절 대학생들의 입사를 희망하는 기업으로는 삼성 이상의 기업은 없었다. 장학금을 놓치지 않는 모범생으로 소문이 났던 선배가 삼성 입사 시험에 불합격해 삼성이 더욱 대단하게 느껴졌다. '기업은 사람이다'라는 삼성의 슬로건에도 끌렸다. 학연, 지연과는 상관없이 지원하는 사람의 인성과 능력만 보고 채용한다는 뜻이리라. 다행히 ROTC도 지원 자격이 되어 서둘러 원서를 냈다.

삼성에 응시해 서류전형과 필기시험에 합격했다. 삼성 본관 27층에서 2차 면접도 치렀다. 면접관은 그룹 사장단 6, 7명이었다. 이병철 선대 회장께서도 면접관으로 참여하셨다. 체구는 작았으나 위엄이 느껴졌으며, 인재를 찾아내려는 '매의 눈길'을 느끼기도 했다. 하지만 질문을 직접 하지는 않으셨다. 한쪽에는 관상을 본다는 분도 자리한다는 소문이 들렸지만 누군지 알 수 없었다. 면접관들이 돌아가면서 질문을 했다. 그중 한 분이 장래 희망과 가족관계를 물었다.

"삼성의 사장이 되고 싶습니다."

"어릴 때 4대가 함께 살았고, 아버지는 교육자이며 저는 5남매의 셋째입니다."

장래 희망에 대한 대답은 면접 전에 채용 담당 간부가 귀띔해 주었다. 면접 본 사람 중에 삼성에서 사장이 되겠다고 한 사람이 합격했다는 것이었다. 나도 사실 삼성의 사장이 되고 싶은 꿈이 있었으므로 그런 대답을 했다.

가족관계에 대해서도 짧게 대답했으나 4대를 잇는 대가족 틈에서 올곧게 성장한 인성을 틀림없이 알아줄 것 같았다. 면접실은 서로 다른 질문과 대답이 계속됐다. 바라던 대로 나는 최종합격이 됐다.

IV

나를 따르라

1. 나를 따르라

1. 나를 따르라

□ 소위의 첫걸음

　간절하게 바라던 삼성에 합격해 1979년 2월 신입사원 연수에 들어갔다. 삼성 공채 19기 4차로 경기도 용인에 있는 동방연수원에서 삼성 입문 교육을 받았다.
　기업은 일반적으로 군 전역자를 선발하는데, 삼성은 인재 확보를 위해 ROTC로 군 복무가 남았는데도 미리 뽑아서 사원 관리를 했다. 사원에게는 무한한 자긍심과 회사에 대한 충성심을 우러나게 했다. 나는 삼성의 인재 중에 한 명이 되었고, 연수를 마치고 대한민국 장교로서 그해 3월에 입대했다.
　성남시에 있는 학생 중앙군사학교로 가서 임관식을 가졌다. 아버지께서 소위 계급장을 달아 주시고 어머니와 여자친구가 그 광경을 지켜보면서 흐뭇해했다. 이틀 뒤, 입소를 위해 동기들과 용산역에서 열차에 올랐다. 눈발이 휘날리던 3월, 장교가 된 사람들이 광주행 특별 입영 열차에 올랐다. 기적을 울리자 떠나는 사람들도, 보내는 사람들도 손을 흔들면서 이별의 애틋한 마음을 실어 보냈다.
　광주의 관문 송정리역에 가까이 오자 벌써 긴장감이 돌았다. 귀청을 찌르는 소리가 엄한 군기 조짐을 보였다. 눈이 안 보일 정도로 철모를 눌러쓴 교관들의 위세에 온몸이 위축되었다. 소위와 중위의 차이가 실감 나는 순간이었다.
　광주의 봄은 기후 변화가 심해서 갑작스럽게 삭풍이 불기도 했다. 머리를 바짝 올려 밀어서 목덜미가 시렸다. 소위 계급장은 달고 왔으나 훈련소는 역시 훈련소였다. 엄한 내무 군기에 저녁 시간도 긴장의 연속이었다. 많은 인원이 식사를 해야 하기 때문에 몇 숟가락 뜨다 보면 '식사

끝'이라는 구령이 떨어졌다.

식기를 반납하고 나오면서 대부분 매점에서 보름달빵을 사 먹었다. 나는 원래 식사를 늦게 하는 편이었다. 처음에는 시간도 없고 입맛도 없어서 거의 먹지 못했으나 1주일 뒤부터는 국에 말아서 마시는 수준으로 먹었다. 맛을 느끼지 못했지만 배고픔은 면할 수 있었다.

보병은 교장 이동 때 원칙이 있었다. 3보 이상은 구보였다. 급히 밥을 먹고 보름달 빵도 덤으로 하나 사 먹었지만 구보로 교육장에 이동하면 벌써 배에서 꼬르륵 소리가 났다. 허기진 채로 연병장에 앉아 있으면 귀가 시릴 정도로 추워서 밀어버린 옆, 뒷머리가 절로 생각났다. 교육생 신분으로서 춥고 배고픈 것을 실감했다. 이동하기는 힘들었지만 그나마 야외교육이 더 좋았다. 실내교육은 따분하고 졸렸다. 소대 전투나 중대 공격 방어는 교장이 멀리 떨어져 있었고 이동 시간이 오래 걸려 시간이 잘 갔다.

우리 중대 구대장은 ROTC 선배 중위였다. 원래 선배들은 조금씩은 자상함을 베풀기도 하건만 이 선배는 고집불통이었다. 웃는 얼굴은 눈을 씻고 봐도 볼 수 없었다. 별명이 황소도 물어 죽인다는 불독이었다. 사격훈련은 안전사고 우려 때문에 사전에 정신을 바짝 차리라고 기합을 더 심하게 주었다. 철저하게 교관의 지휘에 따르도록 했다. 적, 아군을 식별하기 어려운 야간 사격은 긴장감이 최고조에 이르렀다.

16주 동안 광주 보병학교에서 혹독한 훈련을 받았다. 초급 간부로서 군사교육 훈련 숙달과 지휘 관리능력 배양, 전투 장구 취급, 내무생활 교육, 군사 지식, 교리 등 ROTC 하계 병영훈련의 각 병과 별로 심화한 내용이었다.

☐ **통제 속의 자유**

외출이 통제된 4주간의 교육 기간 동안 엉덩이가 근질근질했다. 다행히 잠깐 종교 활동이란 숨 쉴 틈이 있었다. 일요일이면 무신자 동기생마저도 종교를 핑계 대고 교회나, 절로 가서 서로들 만났다. 자유롭지 못한 내무반에서보다 싱싱한 활기가 생겼다. 한나절 자유에도 마음에 살랑살랑 바람이 불어오는 듯 기분이 상쾌해지기도 했다.

4주 훈련을 마치고 나면 외출이 허용됐다. 외박은 할 수 없었으나 교육생들은 외출을 나가 나름대로 하루의 추억을 삐까뻔쩍하게 만들었다. 광주 시내에 나가 토끼탕을 먹으면서 외출의 기분을 한껏 냈다. 토끼탕으로 보양했으니 토끼 냄새를 해독하자며 목욕탕을 찾았다. 오랜만에 시원하게 목욕을 하고 다방에서 문화적 충만감을 느꼈다. 물론 저녁도 배불리 먹고 귀대했다.

외출 후에는 신경이 몹시 쓰였다. 반드시 비상이 걸렸기 때문이다. 어김없이 완전군장에 연병장 집합이 기다리고 있었다. 부산하게 군장을 꾸려나가지만 몇 사람은 꼭 늦었다. 기합이 끝나고 내무반에서 관물을 원위치시켰지만 구대장은 다시 목소리를 돋우어 "선착순 집합!"이라고 했다. 그 우렁찬 목소리는 취침 전에 울렸다. 집합으로 마음 편히 잘 수 없는 시간이었지만, 그다음 주 외출부터는 외박도 할 수 있어 구대장의 잦은 집합에도 불만스럽지 않았다.

첫 외박은 아주 기뻤다. 하루만이라도 자유가 허용되니 외박 며칠 전부터는 가족들을 볼 생각에 마음이 붕붕 떴다. 여자친구의 이름을 부르며 몸을 점검하는 동기도 있었다. 광주에서 열차를 타고 서울로 가는 동안 들뜬 기분으로 훈련 얘기를 하지만 어쩐지 열차가 기어가는 듯한 느낌이 드는 것은 모두 마찬가지였을 것이다.

서울역에서 기다리던 여자친구와 식사 초대를 한 처형 집에 갔다. 훈련 중에 먹던 짬밥과는 비교가 안 되는 밥상이었다. 찰진 쌀밥에 맛깔스러운 김치 종류와 고기, 생선, 찌개 등으로 밥 두 공기를 금세 비우고 슬그머니 한 공기를 더 먹었다. 음식 솜씨 좋은 처형 덕분에 오랜만에 맛

있는 식사를 했다. 동서가 될 사람과 마음 놓고 술도 한잔하니 기분이 그만이었다. 하지만 취기 속에서도 귀대 후에 있을 비상소집이 머릿속에 떠올랐다.

☐ 지휘자로 가는 길

초임 장교는 16주의 훈련 기간 중 2주간은 유격 훈련을 받는다. 우리 중대는 4월 둘째 주부터 유격 훈련을 했다. 정신적, 육체적으로 힘들고 인내와 의지가 따라야 최정예 전투 소대장이 될 수 있었다. 유능한 소대장이 되려면 유격 훈련의 정신을 배워야 했다. 훈련 1주일은 동북유격장에서 체력훈련을 했다. 첫 날 광주보병학교에서 완전군장을 하고 동북유격장까지 대여섯 시간을 행군했다. 먼 길이었지만 산길을 매일 걸었던 소년 시절이 있었으므로 어렵지는 않았다.

유격장에 도착해 텐트를 쳤다. 일주일 동안 생활할 보금자리였다. 다음 날 아침부터 PT 체조를 비롯해 체력단련 훈련을 쉴 새 없이 받았다. 첫날부터 조교의 유격 체조 시범을 따라서 평소에 쓰지 않던 근육을 쓰다 보니 온몸이 근육통으로 고통스러웠다. 하지만 검은 모자에 검은 선글라스, 하얀 등판, 길고 하얀 지휘봉을 손에 잡은 교관은 얼차려를 연신 시켰다. 교관의 얼차려 시나리오는 정해진 것이 없었다.

"목소리 봐라!"
"군장 불량!"
"복장 불량!"

유격장 바위에는 '안 되면 되게 하라'는 문장이 쓰여 있고 교관은 말끝마다 "알겠습니까"를 구령하고 있어 인내심이란 인내심을 다 짜내야 했다. 흙탕물 방호벽 안에서 적을 밀어내는 훈련을 하고 나면 흰색이던 유격 셔츠는 황토색으로 변하여 세탁 후에도 원래 색으로 회복되지 않았다. 참호 전투 때는 땀과 흙탕물이 범벅이 되어 기 싸움으로 승자가 예측되기도 했다. 강하게 훈련받아야 강한 소대장이 된다고 하지만 구보까지 해서 완전 녹초가 된 상태라 인내력이 한계에 도달했다.

어렵게 훈련을 마치고 텐트로 오는 순간 쓰러져 죽은 듯이 잠이 들었다. 저녁에 불침번을 교대로 서야 하지만 그날은 결국 불침번이 이어지지 못하고 모두 잠들어 버렸다. 아마 지금까지 다른 교육 조들도 마찬가지였을 것이다.

아침에 당연히 PT를 비롯한 기합이 기다리고 있었다. 몸은 상처와 멍으로 만신창이가 되었다. 산악 훈련을 위한 14개 동작으로 이뤄진 유격 체조만 4시간을 했다. 체력단련이 끝나면 숟가락 1개만 달랑 들고 줄을 서서 식판을 받았다. 힘든 훈련을 한 동기들과 밥을 먹는 동안 담력과 자신감에 관련된 이야기를 나누었다.

밧줄을 타고 장애물을 건너는 훈련에서 불합격자들은 대부분 자세가 불안정했다. 자신감이 없었고 발끝이 물에 잠기지 않도록 하늘을 향하지 않았다. 몸의 균형이 깨져서 장애물을 넘지 못했다.

소위의 덕목은 체력이다. 소대 병력을 이끌어 가려면 체력이 기본이다. 나는 어릴 때 기계체조를 해서 허리, 팔, 다리의 균형 감각이 좋아 모든 훈련에 합격했다. 장애물 넘기는 전시에 최악의 상황에도 극복 의지를 다지는 훈련이었다.

산악 극복 훈련의 탈락자들은 고소공포증이 있었다. 60m의 산 벽을 오를 때 절대 뒤돌아보아서는 안 된다. 1분 30 초안에 도착해야 하는 줄타기는 아래를 보는 순간 두려움과 불균형이 온다. 하강 레펠도 자신감의 장착 여부에 따라 성공과 실패를 갈랐다.

수상 담력 훈련 또한 어떤 상황도 극복할 수 있게 대비하는 훈련이었다. 물속에서 반드시 몸을 풀어야 시작할 수 있는 훈련이라 눈이 녹은 물속에 먼저 들어갔다. 4월이라도 추웠다. 하향횡단 A코스는 지옥 훈련이었다. 덜덜 떨리는 몸으로 193m를 시속 70km로 10초에 착지해야 한다. 교관은 '피할 수 없는 고통을 즐겨라'고 했다. 하지만 나는 '피할 수 없다면 도전하라, 그리고 시간과 싸워라'라고 하고 싶었다. 한계를 극복하고 이루어 낸 순간 손뼉을 크게 치며 함성을 질렀다.

훈련이 며칠 지나니 어떤 훈련도 이겨낼 수 있겠다는 자신감이 생겼다. 훈련 나가면 다음 주에 있을 도피 및 탈출 훈련 정보를 알아내려고 하는 여유까지 생겼다. 2주째 드디어 도피 및 탈출 훈련에 들어갔다. 적진에 침투하였다가 복귀하는 종합훈련이었다.

25kg 쯤 되는 야전필수품과 개인용품을 장착하고 위장하여 적진을 이동했다. 밤새도록 걸어서 집결지에 도착하면 아침에 교관으로부터 새 집결지를 받아 다시 이동했다. 불시에 적의 총격이 생기면 소대장은 신속히 명령을 내리고 소대원들도 일사불란하게 움직였다.

이동 때는 도로가 아닌 산능선을 타고 가야 하므로 길을 찾는 일은 쉽지 않았다. 깊은 산속에서 길을 찾을 때는 서로의 지혜를 모아야 했다. 야간 이동이라 제대로 길을 찾지 못하면 밤새 헤맸다. 졸면서 걸어갈 때가 허다했다. 졸다가 눈을 뜨면 낭떠러지 바로 앞에 발을 딛고 있었다. 본능이란 무서운 것이었다. 그렇게 졸면서 걸어도 낭떠러지로 떨어지는 사람은 아무도 없었다. 나도 낭떠러지로 떨어지기 직전에 눈을 뜬 적이 몇 번이나 있었다.

야간에 산꼭대기에서 대기할 때도 있었다. 찬 바람이 불면 흘린 땀이 마르면서 몹시 춥게 느껴졌다. 이때 몸을 가장 따뜻하게 해주는 것이 비닐이었다. 비닐을 뒤집어쓰면서 굳이 이런 훈련을 왜 해야 하는지라는 회의를 하면서도 적군의 미동을 살폈다. 목적지에 도착하면 새벽녘이라도 텐트를 쳐야 했다. 그냥 덮고 자고 싶지만 텐트 치는 것도 훈련이라 하는 수 없이 텐트를 쳤다.

훈련을 이틀 남겨 놓은 날, 우리 조는 예상 시간보다 늦게 목적지에 도착했다. 방위각으로 길을 찾다 보니 지름길보다 조금 먼 길을 선택했던 결과였다. 새벽 3~4시쯤 부랴부랴 텐트를 치고 누웠는데 시커먼 물체가 머리를 들이밀었다. 적군의 기습일까 봐 깜짝 놀라 일어나 보니 웬 아주머니가 "빵 있어요."라고 하면서 빵을 내밀었다. 인근 마을 주민들이 도로를 타고 올라와서 빵을 팔곤 했다. 유격 훈련 때는 돈을 지참하지 못하게 했지만 수단껏 비상금을 감추어 놓기도 했다. 나도 상의 깃 속에 넣어둔 비상금을 꺼내 빵을 사 먹었다.

하산하는 길은 지리산 피아골이었다. 등산객들을 가끔 마주칠 때도 있었다. 유격 복에 배낭을 메고 훈련받는 우리 ROTC 장교들을 알아보았다. 훈련받느라 고생한다고 자기들끼리 소곤거리면서 지나갔다. 온 삭신이 쑤셔서 죽을 지경이었지만 그들의 말에 조금은 위로가 되기도 했다.

일주일 동안 적진에서 도피 및 탈출 훈련을 받았다. 산길을 거의 무박하다시피 하는 행군은 소위의 정신력과 지구력을 시험했다. 더구나 지리산 피아골은 돌길이라서 돌부리에 채지 않게 신경을 곤두세우며 걸어야 했다. 잠시 휴식 시간에 발을 보니 발가락 사이마다 물집이 생겼다. 철쭉 가지를 꺾어 물집을 터트리니 따갑고 화끈거렸다. 그렇더라도 행군은 멈출 수 없고 계속 걷다 보니 마지막 집결지에 도착했다. 드디어 일주일간의 행군이 끝났다.

유격 훈련을 시작했던 날과는 달리 훈련을 마치고 복귀하는 날은 차를 타고 이동했다. 광주보병학교까지 오는 차 안에서 보이는 주위의 풍경은 모두 눈 아래로 보였다. 일주일 동안 험하디 험한 산을 무박 행군하고 하산한 보병의 시야는 넓어질 수밖에 없었다.

□ 모기의 회식 후 지휘자로

유격 훈련을 마치면 힘든 훈련은 거의 끝난 셈이다. 자신도 모르게 배짱과 소대장으로서의 대접을 받으려는 마음이 불쑥 솟는다. 구대장들을 대할 때도 선배 장교 정도로 대할 여유가 생겼다. 구대장들도 처음처럼 군기를 잡으려고 그렇게 기합을 주지 못한다. 유격 훈련을 고비로 훈련소에 들어올 때와는 다르게 군기가 느슨해진다. 바로 그때 군기 잡기인 '모기 회식'이라는 것이 있었다.

한밤중에 '현 상태 집합'이란 구호가 떨어지면 우왕좌왕하면서 팬티 바람으로 줄을 섰다. 더운 날씨였지만 팔을 들고 서 있으니 처음에는 시원했다. 그것도 잠시, 금세 모기가 물어서 가려워 미칠 지경이 되었다. 앵앵거리는 모깃소리와 여기저기서 짜증 내는 소리가 섞여서 들려 왔다.

군대에서 받는 기합 중에 최고로 비인간적인 것이 모기 회식일 것이다. 여름밤에 팬티 바람으로 양팔을 들고 서 있으면 모기들이 마음껏 사람을 물어서 피를 빤다고 모기 회식이라고 불렀다. 수료 전에 한두 번은 각오해야 하는 기합인데, 그 고초가 유격 훈련 못지않았다. 앵, 앵 소리만 들어도 벌써 가려워졌다. 어차피 피할 수 없는 일이니 도피 및 탈출 훈련 중에서 적진에 침투하여 모기를 만났다고 생각했다. 적군은 내 비명이나 동작을 알아차리고 공격을 할 것이다. 그렇게 생각하니 나 자신을 컨트롤 할 수 있었다. 모기 회식도 시간과 싸움이니 견디면 되는 것이었다.

유격 훈련이 끝나고 나면 최대의 관심사는 자대 배치를 어디로 받느냐는 것이었다. 보병의 경우 대개는 전방이다. 고향 근처 동해안 경비사령부에 근무하고 싶었지만 전방으로 배치받을 것이 뻔했다.

나는 전방에 배치받는 것과 공수부대 지원을 두고 고민했다. 공수부대가 힘들다고 하지만 힘든 만큼 더 좋은 결과가 있을 것 같았다. 구보와 행군을 잘하니 훈련도 별문제가 없을 것이다. 또한 보병 소대장과 달리 훈련이나 작전이 끝나면 조 단위 휴가 실시로 장교도 휴가가 보장되는 점도 있고, 주요 부대가 서울 근교에 있어서 서울로 외출, 외박이 가능하다는 장점이 있었다.

배치가 임박해진 날, 중대장실에 들러 공수부대에 지원하겠다고 했다. 중대장은 일언지하에 말렸다. 전방으로 가라는 의견이었다. 중대장을 자세히 보니 평해중학교 선배였다. 선배의 조언으로 공수부대에 지원하려던 마음을 접고 자대 배치를 기다렸다.

1979년 6월 30일, 의정부에 있는 보충대로 오라는 통지서를 받았다. 이튿날 집합을 해서 육군 제25보병사단 배치를 받아 사단 휴양소로 이동했다. 사단 휴양소는 의정부에서 그렇게 먼 거리가 아니었는데 더블백을 메고 군용트럭으로 이동하다 보니 북쪽으로 한없이 멀어져가는 느낌이 들었다. 거기서 이틀간 교육을 받은 후, 4대대 페바(forward edge of the battle area)지역 소대에 배치받았다. 드디어 지휘자의 길을 걷게 되었다.

□ 나를 따르라

소대장은 어떻게 하든 소대를 이끌어야 한다. 소대원들이 소대장의 명을 거역하면 질서와 체계가 무너진다. 신임 소대장이 내무사관을 하면 병사들이 테스트한다는 얘기가 있었다. 그때 기선 제압에서 밀리면 고참 소대원들이 소대장을 얕본다는 것이다.

첫 내무사관 근무를 하는 날이었다. 병사들이 일부러 작은 실수를 하는 것 같았다. 내무검열을 하는데 한 고참병의 관물대와 태도도 불량했다. 기합 주려 하는데 그 옆자리의 고참병들이 말렸다. 군기교육대에 다녀온 고참병들이었다. 며칠 겪어본 바로는 심성이 착한 병사들이었는데 얼마 남지 않은 전역 때까지 예우해달라는 몸짓 같았다.

내가 소속된 육군 제25보병사단은 철책선을 지키는 최전방 사단이다. 그냥 두면 병사들에게 휘둘려 철책선 근무 체계가 서지 않을 것이다. 나는 들은 척도 하지 않았다. 오히려 말리려는 병사들에게 부동자세를 취하도록 '차렷' 구령을 내렸다. 타성에 젖은 고참병들의 가슴을 연

거푸 쳤다. 자세가 흐트러진 몇 명을 본보기로 기합 주었다. 이들에게 간단한 정신교육을 한 후 내무검열을 마쳤다. 소대장을 함부로 대할 수 없다는 인상을 강하게 심어놓았다. 원칙대로 소대원들의 군기를 잡았다.

   내무사관으로 근무한 얼마 후, 대대의 축구 시합이 있었다. 전령으로부터 우리 소대가 축구 시합에서 이기기 어렵다는 정보를 들었다. 상대 소대도 소대장은 뛰지 않는다고 했고 내가 시합에 참여하면 지더라도 기합 줄 명분이 없기 때문에 응원만 했다.

   예상대로 우리 소대는 성적이 좋지 않았다. 굳은 표정으로 내무반에 들어갔다. 선임분대장에게 완전군장 집합 명령을 내렸다. 소대원들을 불러 모아 체력이 약하므로 완전군장 구보로 체력을 단련시키겠다고 했다. 나도 같이 완전군장을 하고 함께 뛰니 불만도 사라졌다. 10Km를 같이 뛰면서 구령을 붙였다. 한바탕 뛰고 나니 고참병들도 후련한 듯했다. 다음 경기는 나도 같이 뛰겠다며 꼭 이겨보자고 소대원들을 격려했다.

   어깨의 녹색 견장을 새삼 내려다보았다. '나를 따르라.'고 했을 때 소대원들이 명령을 잘 따르게 되는 건 부하를 진심으로 아끼는 마음과 솔선수범이 선행돼야 한다는 사실을 마음에 거듭 새겼다.

□ GOP로 가다

육군 제25보병사단 4개 대대 중 3개 대대는 1년간 GOP 경계 근무에 투입돼 철책선을 지켰다. 당시 3대대까지가 전방투입으로 경계 근무를 맡게 되고 나는 4대대 소속 소대장으로 그 후방을 지원했다.

1989년 11월에 연대장의 위상을 평가하는 연대전투단 훈련으로 우리 소대는 사병들이 제일 힘들어하는 사격과 구보를 맡았다. 사격을 마치고 소대원들과 완전군장으로 10km를 뛰고 내무반에 돌아왔다.

소대원들과 동고동락하며 동병상련의 마음을 나누고 있을 때 중대장이 왔다. 연대장께서 찾으니 오토바이 뒤에 타라고 했다. 연대장인 정순덕 대령은 우리 지역에서 가장 중요한 2통문 근무 적임자를 찾는 중이었다.

육군사관학교, 삼사관학교 출신 장교는 소대장 근무가 1년이라 임기를 마치면 다른 보직으로 교체해 주어야 했다. 2통문은 비무장지대에 들어가는 입구로 수색대와 충돌이 잦고 사단장과 육군본부 간부들이 수시로 드나드는 들었다.

"손 소위, GOP 가서 근무해야겠어. 현 소대장의 보직 기간이 끝나서 4대대 소대장 중 한 명이 교대 해줘야 하는 상황이네." 연대장의 말씀은 가장 믿음직스러우니 맡긴다고 것이었다. 거절할 수 없었다. 인수인계 때문에 다음날부터 바로 2통문으로 가야 해 소대원들과 간단한 저녁 회식을 했다. 소대원들은 서운한 마음이 드는지 분위기가 숙연했다. 시합에서 지면 완전군장으로 같이 뛰면서 구령을 붙이던 소대장과의 이별이 아쉬웠던 모양이었다.

"우리 소대는 이길 때까지 달리자."는 리더십이 통했던 것 같다. 더구나 대대 체육대회 때 소대 대항 릴레이에서 우리 소대가 1등을 한 것도 마지막 주자인 내가 역전시켰기 때문이었을 것이다.

ROTC 출신이 육사, 삼사 소대장들보다 잘 뛴다는 소문의 나고, 삼성에 입사한 소위로 소대원이나 다른 소대장들도 나를 선망하는 것도 같았다. 처음 자대배치 후 소대원들과 5개월 정도 정이 들었지만 헤어져야 했다.

나는 곧바로 더블백에 사물을 챙겨 GOP로 향했다. GOP는 면회가 안 되는 곳이다. 여자친구도 한동안 만날 수 없었다. 2통문과 전방 임무의 중요성 때문에 교대할 소대장으로부터 인수인계를 받아야 했다. 다시 새 소대원들의 군기를 잡고 정도 들어야 했다.

대공초소가 보이는 GOP에서는 생각이 많아졌다. GOP에서는 실탄을 소지하고 경계 근무를 하기 때문에 언제나 사고의 위험이 따랐다. 전방에서 실탄을 소지한 채 탈영한 병사 얘기를 들어서 가슴이 섬뜩해지기도 했다. 근무 특성상 소대원들에게도 신상 파악 전에 함부로 심한 기합은 줄 수도 없는 상황이었다. GOP 근무는 전역하고도 악몽처럼 되살아난다는 얘기도 있다.

GOP 경계는 소대원들을 2개 조로 나누어 조별로 근무를 시켰다. 초저녁부터 12시까지는 선임하사(중사)가, 12시부터 해 뜰 때까지는 소대장이 순찰 근무를 했다.

1979년 12월 31일, 야간근무 후 내무반장에게 안전검사를 지시하고 철책 순찰에 들어갔다. 순찰을 막 끝내고 막사로 가려는데 총소리가 들렸다. 막사에 뛰어 올라가니 전령이 쓰러져 있었다.

안전검사 때 내무반장이 자신의 총은 검사하지 않고 옆에 있던 전령에게 건네주다가 방아쇠가 당겨져 버렸다. 전령은 소대장을 보좌할 일이 많아서 야간에 초소 근무는 하지 않고 내무반에서 근무하는데, 안전검사 때 옆에서 보고 있다가 화를 당한 것이다.

그 후 소대원들의 사기 저하와 소대장의 원칙에 강요받기 싫은 선임하사의 불편한 심기가 느껴졌다. 나는 모든 과정을 원칙대로 한다고 강조했다. 날이 밝을 때까지 순찰을 돌면서 초소마다 근무하는 병사들과 대화를 나누었다.

어느 계절이든 한나절을 가만히 앉아 있거나 탄통에 실탄이 실린 총을 들고 오르내리는 병사들과 늘 함께했다. 대원들의 신상도 차츰 파악됐다. 아침 경계 철수 후에는 철저히 구보를 시켰다. 밤새 고정자세로 견디었으니 구보로 관절을 풀어줘야 하기 때문이다. 나도 항상 같이 뛰었다.

☐ 이길 때까지

운동은 소대의 사기를 올린다. 막사 앞 조그만 연병장에서 축구와 배구를 했다. 5월쯤에는 인접 소대와 우리 소대가 두 소대 사이의 협소한 공터에서 축구로 기선 잡기를 했다.

인접 소대장인 박한수 중위는 건국대 체육과 출신이었다. 운동에 대한 자부심도 대단했고 승부욕이 강해 한 치의 양보도 없었다. 두 소대의 자존심이 걸려 있어서 무승부일 때는 이길 때까지 경기를 하기로 했다.

양측 소대장도 선수로 뛰었다. 양쪽이 죽기살기로 시합을 하는 바람에 처음부터 경기는 거칠었고 무승부에서 꼼짝도 하지 않았다. 연장전을 벌여 어느 팀이라도 먼저 한 골을 넣을 때까지 하기로 했다. 도무지 승부가 나지 않았다. 양쪽 선수 모두 땀범벅이 되고 나도 흙투성이가 됐다. 갑자기 대대장께서 GP에 순찰 온다는 연락을 받고서야 경기를 끝낼 수밖에 없었다.

나는 통문 초소로 달려갔다. 통문을 열려고 뛰어가는데 쓰러질 것만 같았다. 대대장께 옆 소대와 오랜만에 축구 시합을 했다고 보고했다. 대대장 순찰 후, 나는 통문 초소에서 쓰러져 잠이 들었다. 광주보병학교 교육 때 유격 훈련으로 텐트에서 쓰러졌을 때와 같은 상태였다. 한계를 뛰어넘은 훈련과 경기는 힘은 들어도 뿌듯했고, 어려움을 극복할 수 있는 자신감을 키워 주었다.

☐ 항복받다

GOP에 겨울이 오면 특수 훈련을 한다. 비무장지대 갈대밭을 경계하기 좋도록 태우는 화공훈련이다. 화공은 반드시 바람을 타야 하는데, 북풍 불 때 화공작전을 펼쳤다. 갈대가 타는 광경도 대단하지만 곳곳에서 뛰는 짐승들의 생존 본능은 그야말로 경이로웠다. 특히 노루가 뛰어가는 모습은 지금도 기억이 생생하다. 한참 달려가다가 어리둥절한 표정으로 뒤를 돌아보았다. 노루는 왜 뛰는지 잊어버려 걸음을 멈춘다는 것이었다. 지능이 낮아서 왜 달렸는지 몰라 멈추어서 생각한다고 한다.

화공작전이 끝나면 DMZ에 있는 마을이 더 선명하게 보였다. 안개가 걷혀 환하게 보인다고 생각하면 될 것이다. 계곡 건너편에는 옛날 모습을 그대로 간직한 마을이 있었다. 강을 따라 둑이 있고, 고목이 된 버드나무와 집터가 있었다. 옛 영상을 보는듯하다가 문득 고향 집이 겹쳐 떠올랐다. 둑이며, 고목이며, 고즈넉한 마을이 외선미리 고향과 닮았다. 그 순간 고향이 한없이 그리워졌다.

아침까지 해야 하는 GOP 경계 근무는 마치는 시간이 일정하지 않았다. 전방의 시야가 확보돼야 경계 근무를 철수하기 때문이었다. 계곡에 안개가 끼는 날은 언제 시야가 확보될지 몰라 철수 시간은 의미가 없었다. 정오까지도 경계 근무 태세를 놓지 못했다.

  1980년의 이른 봄 토요일이었다. 선임하사가 전반기 근무자를 데리고 외출을 하겠으니 허가해 달라는 것이었다. 몇 번의 망설임 끝에 조심해서 다녀오라고 했다. 점심때가 조금 못되어 갑자기 대대장의 지프차가 막사로 들이닥쳤다. 뛰어나가니 대대장이 다짜고짜 지휘봉으로 배를 찌르면서 야단쳤다.

  곧이어 선임하사가 병사들을 데리고 막사에 도착했다. 날씨도 추운데 강가에서 목욕하고 노래도 부르면서 몇 명은 춤도 췄다는 것이다. 몇몇 소대원들이 부근에만 갈 수 있는 규칙을 어기고 객기를 부린 것이다. 대대장은 나에게 거듭 화를 내면서 지휘봉으로 배를 찔렀다. 머리를 조아리면서 "제가 바람 쐬러 보냈습니다. 다음부터는 다시 이런 일이 없도록 하겠습니다." 해서 사태를 수습했다. 그 후 선임하사는 자신의 잘못을 감싸주고 대신 야단을 맞았던 나를 진심으로 따랐다.

  충청도가 고향인 선임하사가 2박 3일 외박을 다녀올 기회가 있었다. 군용침대에 자서 허리가 아프다는 말을 가끔 했더니 흘려듣지 않았다. 허리에 좋다며 소 쓸개를 구해서 귀대했다. 당시 군인들에게 인기 양주였던 '캡틴 큐'도 가져 왔다. 쓸개를 양주와 함께 삼키라는 것이었다.

  정성을 뿌리칠 수가 없어서 시키는 대로 삼켰더니 소태처럼 쓴맛이었다. 1시간쯤 지났을까, 갑자기 배가 아프기 시작했다. 하늘이 노래지고 식은땀이 줄줄 흘러내렸다. 창자가 뒤틀리듯이 아팠다. 다행히 몇 차례 설사 후 증세가 가라앉았다. 비록 설사로 인해 먹은 것이 다 배설되었지만 선임하사의 충심만은 아직도 가슴에 남아 있다.

  군대 생활은 순조롭다가도 어느 한순간에 돌발 상황이 발생하곤 했다. 순찰을 돌고 막사에 잠깐 들렀더니 분대장과 고참병들 간에 싸움이 벌어지고 있었다. 이유인즉, 후배 상병이 하사관으로 차출돼 교육을 받은 후 자대 분대장으로 재배치됐다. 그 분대장에게 오히려 고참병들이 군기를 잡으려 해서 분대장과 고참병들 사이에 싸움이 일어난 것이다.

일단은 고참병들에게 벌을 줄 수밖에 없었다. 나는 야전삽으로 고참병들에게 얼차려를 시켰다. 구타는 금지되어 있었지만 선례가 되기 때문에 확실하게 벌을 주어야만 했다. 그때는 어느 정도 구타가 허용되던 때고 중대한 문제이기도 해서 고참병들을 혼내고 분대장도 교육 후 취침시켰다. 물론, 취침 후에도 계속 동정을 살피도록 동초 근무자에게 지시하고 순찰을 나갔다.

이튿날, 중대본부에서 군 감찰대가 왔다는 전갈이 왔다. 구타가 있었는지 감찰 나온 것이었다. 이 정보를 전해 들은 고참병들이 찾아와 경계근무를 나가겠다고 했다. 무슨 뜻인지는 알았지만, 왜 자진해서 경계 근무를 하려느냐고 물었더니 그냥 후배들과 순서를 바꾸겠다고 했다. 소대장이 구타한 것이 알려질까 봐 검열관이 오지 않는 외곽 초소로 근무를 나가려는 뜻이었다. 고참병들도 나를 지휘자로 따른다는 의미였다. 다행히 그날 근무 초소까지는 검사하지 않고 감찰반이 갔다.

☐ 가운데 토막

계절이 바뀔 때면 이상하게도 막연한 외로움과 그리움이 밀려들었다. 1980년 가을, GOP 철수가 가까워지자 철책선에 서 있으면 그런 마음이 더해졌다. 부모님과 여자 친구가 그리웠다. 하루가 여삼추 같고 몸에 진력이 났다. 그러다 보니 밥을 먹어도 모래를 삼키는 듯했다. 밥을 몇 순갈 뜨지 않고 상을 물렸다. 한 시간쯤 지났을까, 전령이 다시 상을 늘고 왔다. 특별한 반찬까지 챙겨왔다. 취사병이 불그레하니 먹음직스럽게 잉어 요리를 해서 보낸 것이다. 충청도 출신의 취사병은 입대 전에 제과점의 빵 굽는 기술자였다. 요리 솜씨가 우리 소대와 중대를 통틀어 최고였다. 잉어 반찬에 입맛이 돌아 나는 밥 한 그릇을 다 비웠다.

맛있게 아침 식사를 한 후 편안하게 쉬었다. 오후에 소대원들의 정신

교육을 하고 있으니 중대장이 순찰을 왔다. 중대장은 ROTC 선배였다. 가끔 군기를 잡긴 했지만 ROTC에 대한 자긍심으로 후배들을 아껴주는 분이었다. 대뜸 나를 보더니 덕분에 식사를 잘했다고 하는 것이었다. 중대에서 삐삐선으로 잉어를 잡았는데 우리 소대 취사병이 요리를 잘한다는 소문을 듣고 요리를 시켰다는 것이다.

그제야 아침에 먹은 잉어 반찬의 내막을 알게 되었다. 취사병은 자신의 상관이 입맛을 잃어 식사를 못 하는 것이 마음에 걸렸던 모양이었다. 잉어 가운데 부분의 몇 토막을 내게 주고 나머지를 중대에 보냈던 것이다. 지금도 잉어요리를 보면, 그 당시에 잉어 반찬을 챙겨 준 취사병의 갸륵한 마음이 잊히지 않는다.

□ 전역하다

1979년 3월에 입대해 그사이 세 번의 봄과 두 번의 겨울이 지나갔다. 드디어 소집해제가 가까워졌다. 전역을 앞둔 ROTC 장교들에게는 취직이 최대 관심사였다. 육군본부에서 취업 알선을 하지만 개인적으로도 모든 힘을 취업에 기울일 수밖에 없다. 나는 이미 삼성에 입사했던 터라 취업 걱정은 없었다.

군 생활의 마무리를 잘하기 위해 끝까지 원칙을 지켰다. 언제 생길지도 모르는 사고를 예방하기 위해 더욱 신경 썼다. 소대원들과도 우의를 돈독히 다졌다. 제대하기 전에 할 일이 하나 더 있었는데, 부대 주변 음식점에 외상값을 갚는 일이었다. 소대원들의 생일날이면 부대 밖에 데리고 가서 삼겹살을 사주고, 간혹 소대에 필요한 물품이 있으면 구입하기도 했다. 그때는 카드가 없었으므로 제때 계산하기 어려워 장교들은 개인별로 장부를 만들어놓고 외상거래를 했다. 월급으로는 모자라 여자친구의 도움을 받기도 했다.

전역 하루 전 소대원들과 마지막 회식을 했다. 최전방에서 한솥밥을 먹으며 지내다가 이별을 앞두고 보니 가슴이 먹먹했다. 대한민국에서는 군인이 상남자로 통하지만 모두 섭섭한 표정을 감추지 못했다. 3년 가까이 몸담았던 군대와 작별의 밤은 깊어 갔다. 소대원들과 연병장을 한 바퀴 돌면서 아쉬운 작별식을 가졌다.

이튿날 사단에서 전역식을 했다. 전날 저녁에 간첩이 침투해 전역식을 할 수 있을까 우려했는데 계획대로 진행됐다. 1981년 6월 30일, 26세에 장장 28개월의 군 복무를 마쳤다. 전역식을 하고 서울로 가는 기차를 타고 있는 동안 앞날에 대한 기대로 가슴이 벅찼다.

군대 생활을 한 남자들이라면 누구나 병영생활에 대해 책 한 권을 쓸 만한 이야기 거리가 있을 것이다. 나도 군 복무 시절을 소환해 보면 에피소드가 셀 수 없이 많다. 좋았던 일, 나빴던 일들도 많았다. 돌발 상황이 수시로 발생하는 군대만의 특성 때문이다.

병영에서 원칙을 지켰고, 어려운 상황이 발생할 때마다 소대원들과 함께 풀려고 애썼다. 때로는 소대원들의 방패가 되기도 했다. 그런 소대장의 진심을 알고 병사들이 따라 주었다. 긴장과 고단함의 연속이었지만 군대 생활을 아주 만족스럽게 한 셈이다.

V

인재 제일, 삼성맨이 되다

1. 거인과 신입사원
2. 자네가 할 일이 무엇인가
3. 삼성의 별, 임원이 되다
4. 세계 1등 조선소를 만들어라
5. 업의 특성에 맞게 경영하라

1. 거인과 신입사원

□ 거인과 신입사원

이병철 선대 회장께서는 신입사원의 최고 덕목으로 '인성'을 꼽았다. 그 대동지론을 바탕으로 능력 있는 사람을 채용했다. 인성과 능력을 갖춘 사람을 뽑기 위해 공개채용을 하고 면접을 볼 때는 꼭 참여해 검증했다. 신입사원인 내게 그런 이병철 회장은 거인 같았다.

회장께서 참여한 면접을 통해 합격된 터라 기쁨이 이루 말할 수 없이 컸다. 앞으로 삼성을 위해서 살겠다는 각오가 솟아올랐다. 삼성에서는 학연, 인맥에 상관없이 능력을 우선한다면 나도 성공할 수 있다는 자신감이 들었다. 능력이 있으면 사장이 될 수 있는 회사라고 하니 몸 바쳐 일할 각오가 생겼다.

나는 삼성에 합격한 뒤에 입대했다. 군 복무기간 동안 호봉과는 관계가 없었으나 근무 연수로는 인정됐다. 나중에 퇴직금 산정 때 그만큼 혜택을 보게 된다. 28개월의 군복무 동안 한 달에 한 번씩 그룹 사보도 보내 주었다. 별것 아닌 것 같지만 삼성인이라는 걸 늘 일깨워 주었다.

전역 말년이 되면 ROTC 장교들은 취직 문제로 마음이 뒤숭숭해진다. 그런 혼란을 감안해 국방부가 취업 알선을 해 주는 제도가 있었다. 그 일환으로 재무부 산하 장기신용은행이 신입사원을 모집했다. 평소 아버지께서는 내가 은행에 취직해 안정적인 생활을 하면서 공부해 교수가 되길 바랐다. 아버지의 생각도 작용했고 분위기에 휩쓸리기도 해서 원서를 제출했다.

1981년 6월 30일, 무더위가 막 시작될 무렵에 전역했다. 그다음 날 처음으로 군복을 입고 고향 울진으로 갔다. GOP의 소대장은 휴가가 없어 다른 사람들처럼 군복을 입고 고향에 갈 수 없었다. 대신에 한 달에

2박 3일간 외박이 허용됐다. 그러나 12·12사태를 비롯해 5·18까지 긴박한 상황이 이어져 소대장들의 외박이 금지됐고, 그후에도 부대 사정으로 휴가를 한 번도 가질 수 없었다.

  7월 3일부터는 삼성의 신입사원 연수가 있어서 얼른 고향을 다녀와야 했다. 1일 저녁, 고향 집에 도착하니 장기신용은행 인사과에서 전화가 왔다. 전역하는 ROTC 장교 중에서 서류전형에 세 명이 뽑혀 두 명은 다녀갔는데 나만 오지 않았다는 것이었다. 국방부를 통해 취업 신청을 하다 보니 합격 통지가 연대 인사과로 가는데, 내게는 연락을 빠뜨렸던 모양이다.

  다음날 새벽에 서울로 가서 장기신용은행 인사과장을 만났다. 인사과장은 마침 고등학교 선배였다. 직업 특성에 대해 물어 보니 대기업처럼 역동적이지는 않지만 장기 채권을 취급하는 특수 은행이라 좋은 조건이라고 했다. 그런데 삼성의 연수가 시작되는 7월 3일이 면접 날이라고 했다.

  같은 날 한꺼번에 일이 벌어져 한 곳을 놓아야 했다. 장기신용은행 면접을 보든지, 삼성의 연수를 받든지 갈림길에 서게 됐다. 혜안을 가지고 항상 앞날을 예측하고 이끈 아버지의 생각도 간과할 수 없어서 하루 종일 고민했다. 하지만 이미 삼성에 마음이 기울어진 상태였고, 선배들이나 여자친구도 삼성에 입사하라는 언질을 주었다. 결국 계획대로 7월 3일 연수를 시작으로 삼성에 복직했다.

☐ 인재 제일, 삼성맨

  삼성은 1938년 대구에서 삼성상회(삼성물산 전신)로 출발해 1953년에 제일제당, 1954년에 제일모직 등으로 사업을 확대했으며 그룹 차원에서 공채를 한 건 호적상 내가 태어난 1957년부터다. 군에 입대 하기전 1979년 2월에 그룹 공채 19기 4차로 동방연수원에서 2주간 입문교육을 받고 삼성인이 됐다. 2년간 군 복무를 마치고 복귀해 1981년 7월 3일, 21기 1차로 다시 동방연수원에서 4주간 연수를 받았다.

동방연수원은 원래 동방생명 소유의 연수원이었으나 삼성이 1963년 동방생명을 인수하고 1989년에 삼성생명으로 사명을 바꿨다. 동방연수원은 인수 후 이병철 회장의 지시로 삼성그룹 연수원으로 사용됐다. 그 후 종합연수원이 1982년에 완공되고, 그룹 연수원인 창조관은 2006년에 완공됐다. 동방연수원은 문을 닫았고 지금은 건물만 남아 있다. 나는 두 번의 신입사원 연수를 동방연수원에서 받았다.

삼성연수원에는 삼성의 모든 교육 프로그램이 운영되고 있다. 우리나라의 인재 교육 기관 중 최고다. 하루 일과는 아침 6시 뻐꾸기 소리와 함께 시작된다. 군 입대 전에도 뻐꾸기 소리로 기상하여 보름간 연수를 받았다. 소대장 시절 페바(forward edge of the battle area)에서 기상 시간도 6시라 기상 습관이 되어 있었지만 뻐꾸기 소리는 언제 들어도 반가운 소리는 아니었다. 하지만 치열한 삶의 현장에 내가 있다는 것을 일깨우는 죽비 같은 소리였다.

기상하면 연병장으로 나가 '삼성 체조'와 구보로 하루 일과가 시작됐다. 아침 식사 후 8시부터 교육을 받았는데 삼성의 핵심가치인 경영 이념과 제일모직, 제일제당, 삼성전자, 제일합섬, 삼성전기, 삼성중공업 등 주요 관계사의 개략적 현황, 삼성맨으로서의 근무 자세와 신입사원의 자세 등을 교육받았다.

삼성은 이병철 회장의 기업 이념인 '사업보국(事業報國)'을 실천했다. 삼성물산에서 벌어들인 돈으로 제일제당과 제일모직을 설립했다. 당시 수입에 의존하던 설탕, 모직을 국산화하기 위해서였다. 이후 삼성전자를 비롯해 중화학산업, 조선산업, 금융산업도 이러한 차원에서 세웠으며 결과적으로는 기회 선점이 됐다.

삼성은 '기업은 사람이다'라는 기업 이념에 맞게 인재 양성에 각별한 노력을 기울인다. 신입사원을 철저히 교육해켜 범재를 인재로 키운다. 신입사원의 경우 그룹 연수원에서 한 달간 합숙교육을 받는다. 그 후 그룹 관계사에 배치되고 관계사에서는 6개월 동안 OJT(on job training)를 거친 후 실무에 들어간다. 이후에도 대리, 과장, 부장, 상무, 전무, 사장단 등 승진 때 마다 직급에 맞는 핵심가치와 리더십 교육을 한다.

삼성의 경영 이념은 이건희 제2대 회장의 취임부터 바뀌었다. 이병철 선대 회장의 사업보국과 인재 제일, 합리 추구에서 이건희 회장 때는 제2 창업과 신경영을 선언하면서 '인재와 기술로써 최고의 제품과 서비스를 창출하여 인류사회에 공헌한다'는 글로벌 개념으로 확장됐다.

신입사원 연수를 받으면서는 사장이 돼야겠다는 꿈이 더 확실해졌다. 이병철 회장의 사업보국과 인재 제일의 경영 이념을 실천하리라고 다짐했다. 4주간의 연수가 끝날 무렵 비서실 인사팀에서 배치 면접이 있었다. 나는 신설 회사나 일이 많은 회사를 원한다고 했다. 바닥부터 탄탄하게 시작해야 꿈을 이루는데 한 발짝 더 다가설 수 있다는 생각을 했기 때문이다.

☐ 첫 발령

연수 마지막 날이 되면 그룹 관계사에 배치를 받는다. 연수 동기생들이 관계사로 속속 배치됐다. 내 이름이 호명되지 않아 고개를 갸웃하는데, 삼성조선으로 배치를 알렸다. 삼성조선은 본사가 거제에 있고, 사업장 환경이 열악해 인문계 출신은 다들 가기 싫어하는 신설 회사였다. 연수원 동기 중에는 이공계 8명과 나를 포함한 문과 출신 두 명이 삼성조선으로 가게 됐다.

이공계 출신은 거제 현장 업무를 하게 되고, 인문계 출신은 대부분 서울 근무를 원했다. 삼성조선의 본사는 거제에 있였지만 회사의 핵심 기능 중 하나인 자금부는 서울에 있었다. 당시 서울로 배치를 원하는 신입사원들이 많아 신입사원은 무조건 본사인 거제조선소에서 일정 기간 근무한 후 서울로 보낸다는 원칙을 정해 놓고 있었다.

나는 서울에서 직장에 다니는 것이 여러 가지로 절실했다. 무엇보다 자금업무를 제대로 배워보고 싶었다. 사업의 관건은 돈의 흐름을 아는 것이고 그 흐름을 잘 이해하는 사람들이 사장으로 승진할 확률이 높기 때문이다. 게다가 서울에서 직장에 다니는 여자친구와 함께 지내고 싶어서였다. 여자친구와 긴 연애 기간이 있었지만 함께 지낸 시간이 별로 없었기에 하루라도 빨리 결혼해 같이 살고 싶었다. 거제와 서울 사이는 멀어 결혼해도 자주 만나지 못할 건 뻔한 일이었다.

자금부는 지원만 하면 받아주는 부서가 아니었다. 하지만 나는 서울 근무를 하고자 하는 소신을 굽히지 않았다. 동기생들이 9명이나 거제 현장에서 근무하니 나는 서울로 보내 달라며 사정을 털어놓았다. 간절한 마음이 통해서인지 결국 서울 사무소의 자금부로 발령받게 됐다.

□ 연애 끝, 결혼 골인

서울 발령을 받은 며칠 뒤 여자친구가 부모님으로부터 결혼 날짜를 잡았다는 연락이 왔다고 전해 주었다. 부모님은 내가 그동안 혼자 객지 생활을 하느라 고생했다며 빨리 결혼해 따뜻한 밥 먹고 직장에 다니라고 했다. 마침내 1981년 9월 30일, 평해 월송정 부근의 예식장에서 긴 연애의 마침표를 찍으며 결혼식을 올렸다. 아침에 눈을 뜨면 바로 아내를 볼 수 있고 한집에서 밥을 먹게 되었다.

그때는 결혼 휴가가 짧기도 했고 나는 갓 입사했기 때문에 연차 휴가도 할 수 없었다. 고향 집이 회사와 거리가 멀다고 휴가 기간을 이틀 더 주었지만 신입사원이라 휴가를 주는 대로 쓸 수 없는 처지였다. 회사에 빨리 복귀해 일을 배워야겠다는 마음이 들고 신혼집도 정리해야 했으므로 모든 일정을 간소하게 치렀다.

신혼여행은 고향 집에서 가까운 경주에서 1박2일간 했다. 보문호텔에서 허니문 시간을 보낸 짧은 여행이었지만 삼성에 입사해 희망에 부푼 때였고, 다음 기회에 긴 일정을 잡아 여행을 하면 된다고 생각하니 아내도 별로 아쉬워하지 않았다.

처가와 고향 집에서는 하루씩 머물었다. 양가에서 하루씩 지내면서 친지들을 불러 대접하는 게 관례였기 때문이다. 처가에서는 발이 묶이고 북어로 발바닥을 맞는 통과의례를 치르며 처가 식구들 속에 섞여들었다. 다음날은 고향 집에서 마을 사람들과 친척들을 초대해 잔치를 벌였다.

객지에서 혼자였던 시간이 많았는데 결혼을 하니 그간 치렀던 고생이 눈 녹듯이 사라졌다. 신혼집은 김포공항 가는 내발산동 주변에 구했다. 전세도 싸고 교통이 좋아 단독주택 2층에 보금자리를 마련했다. 그러나 겉보기와는 달리 불편한 점이 여러 가지였다. 겨울에는 외풍이 심하고 여름에는 무더웠다. 마루에서 빨리 걷기만 해도 발소리가 아래층에 들려 신경이 쓰였다. 화장실에는 조그만 세면대와 샤워기가 있었는데 좁아서 마음대로 샤워도 할 수 없었다.

그런 신혼생활이 한 해가 될 무렵 집을 사기로 했다. 주변에 알아본 결과 내발산동 주공아파트가 13평이라도 저층이라 공간이 넓었다. 연탄을 때지만 더운 물도 마음대로 쓰고 따뜻하게 겨울을 보낼 수 있을 것 같았다. 무엇보다 우장산이 가까워 좋았고 출퇴근 교통이 편리했다.

은행에 융자를 받아 아파트를 구입했다. 매달 이자는 나갔지만 기분은 좋았다. 가격도 비싸지 않고 생활환경도 좋았다. 주말이면 집사람과 우장산을 산책하는 재미가 쏠쏠했으며, 회사 쪽으로 가는 시내버스가 많고 정체가 되지 않아 30분이면 도착할 수 있어 좋았다. 출근할 때는 통근버스를 타는데, 7시면 회사에 도착했다. 8시부터 근무시간이라 회사에 도착해 여유로운 시간을 가질 수 있어 더욱 좋았다.

□ **책임감과 자긍심**

회사 업무에도 내 성격이 그대로 작용했다. 고등학교 때를 제외하고는 학교 대표로 활동했고 군대에서 소대장으로 복무하고 입사한 터라 누구보다 책임감이 강했다. 책임감이 몸에 배어 일할 때 근본원리를 꼭 확인하게 했다. 선배들이 일했던 자료를 보고 따라할 수도 있었지만, 왜 그랬는지 확인하고 응용해 일을 마무리했다. 그런 습관은 비서실이나 경영관리부에서 일할 때, 사장을 비롯한 상사들 앞에서 자신 있게 소신을 말할 수 있는 바탕이 됐다.

업무로 사외에 나가면 사람들은 삼성 직원을 '삼성맨'이라 불렀다. 이 호칭은 자부심을 느끼게 했고 어딜 가서 당당할 수 있게 했다. 그렇게 불릴 때마다 나 자신을 한 번 더 돌아보게도 했다. 자금업무는 내부 일도 잘 알아야 하지만 관련 외부 사람들과의 관계도 중요하다. 자금 관련 일이기 때문에 삼성맨답게 논리적으로 말하는지, 실상에 맞는지 짚어보게 했다.

회사에서는 직원들의 소속감과 자긍심 향상을 위해 삼성 배지를 부착하고 다니도록 권장했다. 나는 삼성맨이라는 것이 자랑스러워 잊지 않고 배지를 달고 다녔다. 외부에 나가면 처음 만나는 사람에게 명함도 반드시 건넸다. 명함을 주는 일도 자긍심을 더하게 했다.

□ **선배들의 기강 잡기**

자금부에서 나보다 고참은 과장 외에는 세 명이 있었다. ROTC 4년 선배이자 만능 운동선수에 영화배우 수준의 외모로 후배들이 많이 따랐던 하동욱 대리와 입사 3년 선배이자 대학 시절 등산부에서 활동하고 전문산악인 수준의 등산 베테랑인 이규태 대리, 나보다 입사가 6개월 빠른 동료도 한 명 있었다.

ROTC 출신들은 전역을 하고 나면 친하게 지내는 선배들을 통상 '형'

이라 불렀다. 나도 우리 과 고참 선배를 부를 때 형이라는 호칭을 썼다. 어느 날 저녁, 이규태 대리가 나와 동료에게 식사를 하면서 얘기할 게 있으니 기다리라는 것이었다. 그때는 선배들이 얘기하면 그대로 따라야 했다.

보통 때는 자주 가는 식당에서 소주나 한잔하는데 그날은 룸이 있는 일식집으로 오라고 했다. 시작부터 가라앉은 분위기에서 말없이 코스대로 나오는 음식만 먹고 있었다. 한참 동안 귓전에 수저 소리만 딸그락거렸다.

식사가 끝나갈 무렵, 그제야 두 번째 고참인 이규태 대리가 헛기침을 한 번 하더니 본론을 얘기했다. 내가 부르는 호칭이 마음에 들지 않으며, 한마디로 너무 건방지다는 것이었다. 여기는 엄연한 조직인데 대체 형이라는 호칭이 무슨 소리냐고 했다. 선배님이라고 깍듯이 불러야 하는데 형이라고 부르니 기가 막힌다는 이야기였다.

평소 업무 때는 꼼꼼하고 자상하게 지도를 하던 이 대리지만 그날만은 단호한 어조였다. 이런저런 이야기를 나누다 보니 시간이 언제 그만큼 흘렀는지 통금 사이렌이 울렸다. 하는 수 없이 꼬박 새벽 4시까지 길게 교육을 받을 수밖에 없었다.

내가 신입사원 때와 비교해 보면 다방면에서 많은 변화가 일어났다. 가장 차이 나는 것이 회식 문화였다. 그때는 신입사원이 오거나 특별히 기념해야 할 일이 있으면 단체 회식을 했다. 당연히 술 파티였고 단체 회식에서 빠지는 건 당연히 금기로 여겨졌다. 술 마시는 문화도 그때와 많이 달라졌다. 그때는 선배들이나 상사가 권하면 무조건 마셔야 했고 술 종류도 양주폭탄에서부터 갖가지 형태의 폭탄주에 때로는 충성주까지 마셔야 했다. 군대에서의 육체적 기압이나 기합이나 사회에서 돌리는 갖가지 술은 이른바 선배들의 후배 기강 잡기이면서 팀워크를 다지는 계기가 됐다. 하지만 지금은 회식문화가 많이 바뀌었다. 볼링이나 영화관람 등 문화행사 후에 이탈리안 레스토랑 등에서 식사를 해 과거와는 많이 달라졌다.

하지만 이마저도 옛날처럼 팀원 전원이 참여하는 건 기대하기 어려웠다. 개인의 약속이나 사정이 우선하기 때문이었다. 현재의 리더들은 이러한 조직원들의 변화에 맞추어 과거와 다른 새로운 리더십을 발휘해 조직원들이 목표달성을 위해 한 방향으로 갈 수 있도록 해야 한다.

☐ 1조짜리 수표의 해프닝

자금 입출금 때 수표 발행을 위해 반드시 전표를 작성했다. 한 계정과목당 한 장씩 작성했기 때문에 대금 지불을 할 때면 40, 50장의 전표를 만들었다. 전산화 후에는 한 장의 전표에 10여 개의 거래 항목을 기재할 수 있게 되어서 업무가 조금 편리해졌다. 내가 임원이 되었을 때는 무전표 시스템으로 완전히 바뀌어 업무가 수월해졌다.

업무가 자동화돼도 회계업무는 계정과목의 의미를 알아야 하는데, 요즘은 그렇지 않은 경우를 많이 본다. 기본 뜻을 모르고 숫자의 합계만 알면 경영 활동과 연결이 되지 않는다. 같은 업무를 해도 경영자로서의 역량은 쌓을 수 없다.

신입사원으로서 자금 조달 업무를 맡고 있을 때였다. 자금 활용 때 은행에 잔고를 남겨두고 당일 필요한 만큼 은행 창구에 가서 자기앞 수표를 발행하고 만기가 도래한 어음의 지정된 은행에 입금해야 했다. 자금계획을 하거나 내부에서 자료를 만들 때는 간편하게 억 단위로 하고 실제 어음이나 수표 발행 때는 원 단위로 정확하게 표기를 했다.

하루는 은행 간 자금 조정금액이 많아 천억 원의 수표를 발행해야 했다. 은행 몇 군데를 다녀야 했기 때문에 창구에 가면 머릿속에 있는 숫자를 생각해 수표 청구서를 작성했다. 시간이 바쁜 나머지 창구에서 급히 수표 청구서를 작성해 여직원에게 주었다. 여직원은 의아한 얼굴로 나와 전표를 번갈아 보았다. 평소에 잘 아는 직원이라서 그냥 있었는데 내게 전표를 보여주면서 적힌 금액이 맞느냐고 물었다. 그렇다고 하니까 다시 1조 원이 맞느냐고 물었다. 1천억 원이라고 했더니 전표를 돌려주면서 웃었다.

전표를 보니 '0' 하나가 더 붙여져 1조 원이 돼 있었다. 그때만 해도 숫자 단위에 익숙하지 않아 그런 실수를 했다. 1조짜리 수표를 발행하려 한 것은 내 평생 처음이었다. 수표란 통장 잔액 내에서 발행되는 것이라 한도를 벗어난 금액의 수표를 발행해 주지는 않는다. 1조짜리 수표가 발행될 리는 없었다. 이 해프닝은 매사에 더 신경 쓰게 했다.

☐ 돈뭉치가 든 더블백

요즘은 약속어음을 쓰지 않지만 내가 신입사원 때는 물품 대금으로 보통 약속어음을 발행했다. 어음 만기일까지 지정된 은행에 입금해야 하는데 입금을 하지 못하면 부도가 난다. 지금은 관계사 간에 자금을 빌려주는 것이 금지돼 있지만, 그때는 관계사 간에 남는 자금을 서로 차입도 하고 대여도 했다. 억대 이상의 자금은 전날 미리 조정해야 했고 수천만 원대는 당일 자금 집행 후 남는 금액들을 모아 관계사 간에 서로 융통성 있게 운영했다.

월말쯤에는 관계사마다 자금 수요가 많아 은행 근무시간에 몇 천만 원을 구하지 못해 쩔쩔매는 경우도 있었다. 도래하는 어음을 은행 창구 마감 시간까지 수표로 막지 못하면 마감 시간 후에는 반드시 현금을 가져다 입금해야 했다.

간신히 수천만 원을 구해 은행에 입금해야 할 때가 있었다. 은행이 주로 무교동이나 명동에 있어서 승용차로 이동하는 것이 어려웠다. 군용 더블백에 만 원짜리 지폐를 넣어서 짊어지고 가야 했다. 더블백은 튼튼하고 메고 뛰기 좋았다. 후배직원과 번갈아서 더블백을 메고 남대문 삼성 본관에서 소공동 지하도를 따라 명동까지 뛰어갔다. 돈이 든 더블백은 완전군장보다 가볍고 은행도 군대서 구보할 때 거리보다 가까워 수월했다. 하지만 자금을 구하다가 시간이 늦어져 오후 8시까지 도착하지 않으면 회사는 1차 부도처리 되는 위급한 상황이 되기 때문에 그때 마음의 무게는 천근만근이었다.

□ 일 잘하는 손 대리

돌이켜보면, 현재에서 한 단계 위로 오르는 데는 꼭 계기가 있는 듯하다. 자금업무를 하면서 회계와 경영 측면에서 한 단계 올라설 수 있는 계기가 있었다. 바로 건국 후 최대 규모의 금융사기 사건으로 불린 이철희, 장영자 사건이었다. 무려 6천4백억 원에 달하는 거액의 어음 사기 행각은 사회 전체에 엄청난 파동을 일으켰다. 국내 유수 기업의 도산과 은행장이 구속됐다. 정치권에도 정치자금 수수설, 권력 유착에 대한 일대 공방과 함께 권력 구조의 개편이 이루어진 사건이 되었다.

그 당시는 대기업 그룹 계열기업들의 거래 은행 중에서 주거래 은행을 정해 주거래 은행이 각 회사에 대해 자금 수급계획 협의, 부동산과 기업투자 제한, 기업 경영 분석, 재무구조 개선지도 등의 업무를 하도록 돼 있어 분기별로 주거래은행 심사역에게 회사의 사업계획, 자금 수급계획 등을 보고해야 했다.

그러나 이 사건 때문에 회사의 사업계획과 대차대조표, 손익계산서, 자금수지표가 완벽하게 연결돼야 하는 종합자금수급계획서를 작성해 사업계획과 함께 주거래 은행에 제출해 심사를 받아야 했다. 주거래 은행은 종합자금수급계획서, 사업계획서 등의 적정성을 판단해 대출, 지급보증을 포함한 여신관리를 했다.

종합 자금수급계획서를 작성할 때, 과거 실적은 대차대조표와 손익계산서의 실적을 보고 비자금 거래 항목을 감안하면 작성하기 수월했다. 하지만 향후 계획서를 작성하려면 대차대조표와 손익계산서, 자금수지표 내역이 계획서의 전제조건과 일치돼야 해 실제 경영의 흐름과 상호연결 관계를 완벽하게 이해하지 못하면 작성할 수 없었다.

나는 책을 보거나 선배들의 설명을 듣기도 하고 외부 교육을 받으면서 세 개의 재무제표 간의 상호연결 관계를 이해하게 됐다. 그다음에 경영 활동과 연관 지어서도 익혔다.

자금수급계획서를 원활하게 작성하기 위해 3주 정도 밤낮없이 파고들었더니 자신이 생겼다. 경영관리의 기초가 되는 관리회계도 완전히 이해할 수 있었다. 어디에서든 사업계획서상의 경영 활동을 손익계산서, 대차대조표, 자금수지표상에서 자신 있게 설명할 수 있었다.

회사의 종합자금수급계획서와 사업계획서를 작성해서 주거래 은행 심사역에게 설명했다. 심사역은 별다른 질문 없이 수고했다고 했다. 사무실에 돌아오니 관계사의 자금담당 선배에게서 전화가 왔다. 심사역이 서류 작성하는 방법을 물어 다시 해 오라고 한다는 것이었다. 며칠 뒤에는 자금과장이 은행에 다녀오더니 내가 일을 잘한다고 심사역이 칭찬하더라고 전해 주었다. 그 일로 신입사원에게 통상적으로 주는 인사고과보다 상위등급을 받았다.

☐ 내 자리는 삼성중공업

삼성조선은 1983년 1월 1일부터 플랜트를 제작하는 삼성중공업에 흡수합병 되었다. 철구조물을 제작, 설치하던 대성중공업을 포함한 세 회사가 합병돼 지금의 삼성중공업이 된 것이다. 그해 가을에 한국중공업의 중장비 부분을 인수하여 그룹의 중공업을 통합한 주력 회사가 됐다.

경남 창원에 원래 공장이 있었던 삼성중공업은 발전 사업을 하기 위해 만들어진 회사였다. 전기 생산을 위해 증기를 만드는 보일러를 생산하는 사업으로 출발했다. 실제 삼천포화력발전소에 들어가는 보일러를 수주까지 했다. 그러나 정부의 발전설비 일원화 조치로 공장의 가동률이 떨어졌고 플랜트 사업의 특성상 일정 조업도를 달성하기 어려웠다. 특히 발전설비 일원화 영향으로 물량 확보가 어려워 자금 부족이 가중됐다. 반면에 삼성조선은 시설투자 자금은 산업은행에서 장기자금으로 차입하고 수주에 따른 자금수지는 선수금을 받는 구조로 돼 있어 자금 운용에 여유가 있었다. 기술적인 시너지효과와 자금 운용이 유리해 합병했고 현재의 삼성중공업이 탄생한 것이다.

삼성조선이 삼성중공업과 합병할 무렵이었다. 나는 조병수 경영관리과장의 추천으로 합병 후 삼성중공업 경영관리과로 배치됐다. 조 과장은 제일모직 출신으로 일찍부터 그룹비서실 재무팀에서 근무하다 삼성조선으로 전배된 유능한 선배였다. ROTC 4년 선배로 내게 늘 신경 써주었다. 그당시 그룹에서는 반도체사업이 신규사업으로 선망의 대상이었다.

조병수 과장은 합병 후 얼마 지나지 않아 반도체로 전출됐다. 어느 날 반도체로 전출 된 조 과장으로부터 전화가 왔다. 반도체로 할애 요청을 했으니 마음의 준비를 하라는 내용이었다. 나는 마음이 설렜다. 조 과장을 따르기도 했지만, 그룹의 힘이 집중되는 반도체라는 신규사업에 미래를 걸어보고 싶었다. 당시 반도체사업 성공을 위해서는 그룹에서 우수 인력 확보가 관건이었고, 이에 따라 회장의 지시로 비서실의 인사팀에서 발령 요청을 하면 반도체로 인사발령이 날 때였다.

한 달, 두 달이 지나도 발령 소식은 들리지 않았다. 삼성중공업에서는 조선에서 합류한 팀원은 나 혼자였으므로 조선 사업과 관련된 일을 감당해야 해 정신이 없었으나 반도체로 갈 수 있다는 희망으로 쉴새 없이 일했다. 그러다 보니 두석 달이 지나갔다. 연초에 나왔던 얘기가 6월이 다 가도록 감감무소식이었다. 하는 수 없이 조 과장께 연락했더니 2차 발령 때 회사의 반대로 성사되지 못했고, 3차에 또 시도는 했으나 어려울 것 같다는 답이 돌아왔다.

그 후부터 나는 중공업에서 최선을 다하겠다고 마음을 다잡았다. 합병하면서 주력사업인 조선사업부 출신이 나 혼자였다는 점과 반도체로 인력 전배를 막겠다는 회사의 정책이었다고 생각하니 중공업에서 뿌리를 내려야겠다는 생각이 들었다.

□ 관리회계의 정립

삼성중공업이 합병한 후, 가장 시급한 일은 관리회계의 정립이었다. 관리회계는 각 사업부의 경영성과에 대해 정확히 평가해야 하기 때문에 사업부별로 당기손익을 정확히 구분해야 했다.

창원에 플랜트, 중장비사업부가 있었고, 거제에 조선사업부가 있었다. 매출과 매출원가는 각 사업장에서 발생하기 때문에 구분 회계를 하는 데 문제가 없었다. 그러나 일반관리비, 영업 외 수익이나 비용을 구분해 각 사업부의 경영성과를 평가해야 했다. 이 때문에 공통으로 발생하는 비용과 손익에 큰 비중을 차지하는 영업 외 수익을 구분하는 게 시급한 업무였다.

관리회계 시스템을 정비하는 업무를 내가 맡게 됐다. 회계를 구분하는 일에 대해서는 자신이 있었지만, 규정하는 일은 경험이 없어 관리회계 정립은 상당한 숙제 거리였다. 선배와 상의를 하고 일본의 IHI 사업부제 규정을 참고해 내용을 완전히 파악했다.

일반관리비는 적정한 배부 기준을 만들어 배분하면 됐다. 각 사업부의 기초 차입금을 결정하는 일이 관건이었다. 차입금을 결정하기 위해서는 기존의 자산과 차입금을 제외한 부채를 구분해야 했다. 그다음은 자본금 배분을 어떻게 하느냐가 문제였다. 그 일을 함으로써 나는 관리회계를 완전히 이해할 수 있었다.

각 사업부의 사장들이 가장 큰 관심을 가지고 볼 수밖에 없는 비용

배분을 입사 3년차에 무리 없이 할 수 있었다. 매일의 자금수지와 대차대조표를 연결해 매월 실적을 배분했다. 그 일은 전산화가 이루어져 전산팀과 업무를 주관하면서 경리의 일반회계 업무까지 완전히 터득했다. 그 성과로 이듬해 봄 승진 때 대리로 특진했다.

□ 경영관리의 근본은 현장

삼성중공업이 3사 합병과 중장비 사업 인수로 회사 규모가 커지고 그룹에서 차지하는 비중이 높아지자 당시 이병철 회장의 신임을 받고 있던 삼성물산 경주현 부회장이 물산과 중공업을 같이 맡게 됐다. 경주현 부회장이 이병철 회장께 경영 현황을 수시로 보고했다.

나는 갓 대리로 승진해 현황보고 자료를 준비하는 경영관리과에서 실질 업무를 총괄했다. 삼성조선 출신은 나 혼자였고 수하에 남자직원 3명, 여자직원 1명이 고작이었다. 당시 그룹에서는 어떻게든 조선을 중심으로 사업을 펼치려 할 때라 조선 사업이 항상 그룹의 이슈 거리였다.

요즘과 달리 사업부(합병한 회사가 사업부가 됨)에서 오는 자료가 늦어 야근이 잦았다. 그때는 여직원들이 워딩 작업을 할 때였다. 여직원은 거의 매일 12시가 넘어 퇴근해야 했다. 그때는 대졸 여직원들은 거의 채용하지 않았다. 각 부서에서 공통적으로 서무업무가 있었기 때문에 여상을 졸업한 여직원들이 배치돼 서무를 비롯해 출납, 타이핑 등의 업무를 맡았다.

당시 라커룸과 여직원 휴게실이 따로 있었다. 남자직원이 서류를 작성하는 동안 여직원은 라커룸에서 기다리다가 오곤 했다. 아침에 경주현 부회장께 보고해야 하니 밤늦게라도 여직원이 남아 작업을 할 수밖에 없었다. 그때 다른 회사는 몰라도 삼성에서는 모든 일 중 회사 일이 최우선이었다. 지금 같으면 퇴근 시간이 되면 약속이 있다든가 집에 일이 있다고 퇴근해 버릴 텐데 끝까지 남아 일을 하고 같이 퇴근하니 나로서는 고맙기 그지없었다.

　내가 실무를 할 수밖에 없었고 급하게 자료를 작성할 때가 많아 자주 경주현 부회장의 호출을 받았다. 1984년 연말경이었다. 그날도 경주현 부회장께 1차 보고를 하고 자료를 보완해 댁으로 갖다 드리기로 했다. 자료를 마무리해 저녁에 서초동 자택을 찾아갔다. 위치를 정확히 모른 채 서초동 어디쯤이라는 것만 알고 주소를 들고 택시를 탔다. 기사에게 설명을 하니 알 것 같다고 했다. 하지만 바로 찾지 못하고 한참을 헤맨 후에 설명을 들은 곳과 비슷해 가보니 경주현 부회장 댁이 맞았다.

　외부만 봐도 고급저택이었다. 마당 겸 정원을 한참 들어가니 부회장께서 현관문을 열어 주었다. 아주 편한 반바지 차림이라 회사에서의 깔끔하고 빈틈없는 자세와는 다른 면이었다. 경 부회장은 모든 일에 판단이 빨라 중간쯤 보고를 받으면 결론을 거의 알고 미리 말씀하실 정도로 성격도 급했다.

　과거 제일모직 경리는 삼성사관학교라 불릴 정도로 체계적으로 교육시켰다고 한다. 지금으로 치면 관리회계 영역이지만 경리과에서 총괄했던 것 같다. 경 부회장은 제일모직 경리 출신 중 이수빈 회장과 더불어 그룹에서 많은 일화가 오르내리던 분이며 입사 면접 때 장래 희망이 삼성의 사장이 되겠다고 대답한 장본인이었다.

　경 부회장이 이병철 회장께 중공업에 관련해 보고하기로 한 전날이었다. 비서로부터 연락이 왔는데, 점심시간에 경 부회장과 함께 식사하면서 자료를 보고하라는 것이었다. 시간을 낼 여유가 없어 도시락을 먹으면서 자료를 보겠다는 것이었다. 자료를 가지고 부회장실로 갔더니 응접실에 도시락 두 개가 있었다. 자료를 보면서 식사했다. 모든 일이 마찬가지지만 특히 이병철 회장께 보고드릴 때는 자료를 구석구석 파악해야 하므로 나를 불렀다.

　자료를 보면서 경 부회장이 내게 질문하고 있을 때 전화가 왔다. 전화를 받고 금세 언성이 높아졌다. 일이 지시한 대로 되지 않은 것 같았다. 갑자기 전화기를 쾅하도록 내려놓았다. 나는 바짝 긴장돼 음식을 제대로 씹기 민망할 정도였다.

통화가 끝나고 나를 보고 씽긋 웃으면서 방금 통화한 사람은 일을 제대로 못 한다고 혀를 찼다. 다소 안심이 돼 질문에 답하면서 자료 보고를 마쳤다. 자료를 챙겨서 일어서려고 하는데 경 부회장이 "손 대리, 공장에 근무해 봤나?"라고 했다. 아직 경영관리와 자금업무만 하고 공장에는 근무하지 못했다고 했다.

경영관리의 근본은 현장에 있다는 것을 알게 됐다. 경 부회장이 질문한 뜻을 알 것 같았다. 공장에 근무해야겠다는 생각도 머릿속에 맴돌았다. 실제 근무와 출장이나 보고서를 통한 사업장 파악은 한계가 있는 게 사실이다. 인사과장께 거제조선소로 가겠다고 하자 놀라면서 바로 결제를 올리겠다고 했다.

그 당시 비서실에서 경영관리 총괄을 맡은 분이 중공업 출신이었다. 중공업에 경영관리 인력이 부족하다는 것을 알고 관계사에 경영관리 인력을 차출하던 중이었다. 차출된 직원들이 하나같이 사업장은 가지 않겠다고 해 인사과장 입장에서는 직원들을 설득 중이었다. 그때 내가 사업장을 가겠다고 했으니 인사과장 입장에서는 얼마나 반가운 일이었겠는가. 며칠 만에 나는 거제조선소 경영관리과에 발령을 받았다.

□ 적자회사의 애환

1985년 봄, 자원한 거제 사업장으로 자리를 옮겼다. 고향 울진을 떠난 뒤 자주 볼 수 없었던 바다를 삼성중공업에 근무하면서 날마다 볼 수 있었다. 동해를 바라보며 성장하고 남해에서 장년기를 보내게 된 셈이었다. 거제 사업장 경영관리부에서 경영계획, 실적관리, 원가관리, 평가업무를 주로 담당했다. 원가관리는 자금의 흐름과 현장에서 실물의 흐름을 연결해 볼 수 있었다. 생산, 설계시스템과 연결된 회사 전체 흐름을 알 수도 있었다. 사업장에서만 이루어지는 일이라 큰 틀에서 자금이나 원가의 흐름은 알고 있었지만 세부 내용은 알 수 없었다. 평가업무는 회사 전체 부서의 중요 업무를 파악하고 업무추진 성과를 평가하기 때문에 앞으로 경영관리 업무를 하기 위해서는 필수적이었다.

회사가 어려우면 경영관리부가 바빠지게 마련이다. 수시로 사업전망을 체크해야 하고, 사장이 비서실에 보고해야 하는 경우도 늘어나며, 비서실에서도 챙기는 일이 많아지기 때문이다. 회사가 적자가 나면 경영관리부서는 적자를 없애는 게 최우선 과제다. 당연히 미래를 위한 준비도 하면서 적자를 없애야 한다.

손익을 전망하기 위해서는 각종 전제를 세워야 한다. 선박의 경우 공사 진행률을 매출로 인식했다. 생산 현황을 보고 작업 일수와 생산량을 추정하고 매출을 계산한다. 거기 투입되는 인력과 자재 등을 예측해 원가에 반영하는 등 각종의 전제를 현실화해 계산해야 한다. 그때는 조선소가 적자 상태였으므로 손익 대책을 세워 수시로 비서실에 보고해야 했다.

당시 조선 시황은 저유가와 물동량 부족으로 수주 경쟁이 치열해 아무리 원가절감을 해도 이익을 낼 수 있는 선가를 받을 수 없었다. 최악의 경우는 인력 구조조정을 할 수밖에 없었다. 그나마 삼성그룹이 있어 상당 부분의 인력을 관계사에서 흡수했다.

회계 실적은 경리 장부에서 나오나 전망은 경영관리부서의 예측에서 나온다. 이 예측을 수시로 하다 보니 비록 대리였지만 회사 전체의 전망은 누구보다 잘 알 수 있었다. 사업의 경쟁력 확보를 위해 다양한 전략을 세우고 어떻게 현장에 목표를 부여하고 관리해야 하는지, 어떻게 성과를 측정하고 평가해야 하는지 등 경영관리 전반에 대해 다양하게 배울 수 있기도 했다.

□ 사업장 문화

　사업장은 서울 본사와는 문화가 달랐다. 사택은 걸어서 10분 거리이니 회사와 집에 대한 구분이 별로 없었다. 밤중에도 일이 있으면 회사에 가고, 저녁 식사를 하고 나서도 근무를 하는 게 당연하다고 생각했다. 서울에서는 저녁 식사를 하지 않고도 저녁 8, 9시 돼야 퇴근했기 때문에 거제에서는 오후 6시부터 공장에서 저녁 식사를 하고 대개 밤늦도록 근무했다. 그래서인지 식사 시간이 다가오는 오후 5시 이후에는 마음도 풀어지고 팀원 간 단합을 위해 족구를 하곤 했다.

　나도 군 복무 시절, 자주 했던 족구를 즐겼다. 그때는 공장 근무를 하면 자투리 시간에 족구를 하는 것이 유행이었다. 기혼과 미혼, 현역과 방위로 편을 짜 경기를 하기도 했다. 하루는 족구로 내기를 하느라 한창 열을 올리다 부장이 우리를 찾았다. 오래 찾았는지 부장은 화가 나서 공을 그 자리에서 찢어 버렸다. 부장이 공을 찢은 일이 있고부터는 족구를 하려면 부장의 눈치를 살필 수밖에 없었다. 그러나 일에 있어서는 부장의 눈치를 보지 않아도 됐다. 거제조선소에서의 내 업무는 손익계산서와 대차대조표를 완벽하게 이해하고 사업전망과 흐름까지 알 수 있는 수준으로 만들어 주었다. 독도법으로 지도를 보는 것처럼 어느 곳에서 계곡의 물소리와 새소리가 들리는지 아는 경지가 되었다고나 할까.

　사업장 근무는 서울에서 근무할 때와 다른 제도가 있었다. 바로 야간 당직근무였다. 4명(임원 1, 간부 1, 사원 2)이 한 조가 돼 저녁마다 조선소를 순찰했다. 특히 명절 때 당직을 하면 서울이나 고향을 다니러 갈 수 없기 때문에 미리 바꾸기도 했다.

　회사는 당시 당직자들이 현장 작업자들에게 커피를 제공하도록 권유했다. 여러 가지 사정으로 납기가 지연된 선박이 많아 야간 잔업을 하는 부서들이 많았기 때문이다. 그러나 작업장으로 찾아가기도 쉽지 않았고 작업자들 입장에서도 따뜻한 커피가 좋기도 하지만 한편으로는 일을 빨리 끝내고 퇴근하고 싶어 그 일이 달갑지만은 않았던 것 같다.

　소대장 시절, 전방 철책선에서 순찰하던 생각이 떠올랐다. 추운 겨울, 전방에서 소대장이 가끔 찦차나 커피를 가지고 순찰을 하기도 했다. 뼛속까지 파고드는 추위에 따뜻한 차를 마시면 좋을 것 같아 준비해 가도 근무자들은 마시지 않으려 했다. 옷을 많이 껴입어 소변보기가 힘들기 때문에 마시고 싶어도 참는다는 것이었다.

□ 남해안의 태풍

　남해안의 기후는 여름에 태풍이 수시로 왔다. 회사는 항상 날씨에 신경을 곤두세웠다. 서울에 있을 때 조선소와 전화를 하면 반드시 날씨 얘기를 해서 의아하게 생각했었다. 거제에 있어 보니 날씨가 관심사가 될 수밖에 없었다. 옥외 작업이 많았기 때문에 비가 오면 일부 현장은 명휴(明休)에 들어가 작업을 제대로 할 수 없었다. 태풍과 같이 거센 바람이 불 때는 안벽에 있는 선박들을 고박해 고정시켜야 했으므로 많은 시간이 소요됐다.

　조선소에서 근무헌 지 얼마 되지 않은 1986년 여름이었다. 태풍 '베라'가 억수 같은 비를 동반하고 몰려왔다. 기왓장이 바람에 날릴 정도였다. 물론 현장에는 모든 조치가 되고 사람들의 이동도 통제됐다.

　사택이었던 아파트도 걱정이 돼 가 보았다. 아파트 유리창이 강한 바람에 휘어지고, 아내는 이불로 창문을 누르고 있었다. 언제 창문이 깨질지 모르는 상황이었다. 이럴 때 유리창에 X자로 테이프를 붙여 파손을 막아야 하는데 갑작스런 바람에 그렇게 할 마음의 여유도 없었고 테이프도 못 찾는 상황이었다.

　거제의 사택은 대규모 아파트단지였고 삼성이 지은 1호 아파트였다. 당시로는 대형 평수(25.7평)였다. 전용면적이 넓어 생활하기 좋았다. 단지 배치도 잘 짜여 거제에서는 최고급 아파트였다. 하지만 건물 자재

들이 고급 소재는 아니었다. 분양하기 위해 건설된 것이 아니라 삼성조선의 주문으로 지어진 직원용 아파트라 금액에 맞게 건설됐다. 바람이 조금만 더 세게 불었어도 큰일 날 지경이었다. 거제의 바람은 소문대로 강력했다.

사업장에는 서울과 달리 사원아파트 문화가 있었다. 아파트단지에 직원들만 살다 보니 부인회 활동이 활발했다. 매주 한 번은 청소를 하거나 잔디밭 풀 뽑기 등 자체 봉사활동도 하고, 회사 내부소식도 부인들의 입을 통해 전해지는 경우가 많았다. 간혹 다른 회사에는 없는 상여금이나 월급 이외의 돈을 받는 경우에 집에 얘기를 하지 않는 경우가 있었다. 그러다가 부인회를 통해 들통이 나곤 했다. 특히 연월차수당을 받았을 때 그런 경우가 많았다.

들통 나서 부인에게 화를 당하는 직원이 몇몇 있었다. 부인회 활동에서도 회사의 조직과 비슷하게 고위직 부인들이 리더로 활동해 그로 인한 부작용도 가끔 일어났다. 자연의 섭리인 태풍도, 부인들의 치맛자락으로 일으키는 바람도 여러 가지 후폭풍을 가져오기도 했다.

2. 자네가 할 일이 무엇인가

☐ 자네가 할 일이 무엇인가

　군 복무를 마치고 회사에 복직한 지 5년이 지났을 때였다. 어느 날 꿈속에 이병철 회장이 보였다. 내게 회사 현황에 대해 자꾸 물었다. 대답해도 계속 묻는 바람에 잠이 깼다.

　다음 날 아침 그룹비서실 비서팀에 근무하는 ROTC 박영우 선배에게 안부 전화를 했다. 선배도 뭔가 할 말이 있는 듯했지만 삼키는 것 같았다. 꿈을 꾸고 한 주일쯤 지났을까, 그룹비서실 운영3팀으로 발령이 났다. 운영3팀에는 자금부 선배였던 하동욱 부장이 근무하고 있었는데 중공업에 관리인력이 부족해서 파견이 안 된다는 회사의 반대에도 불구하고 강력히 요청한 것 같았다.

　중공업과 건설을 맡은 운영3팀의 경영관리 업무를 담당하면서 이병철 회장을 보좌했다. 비서실에 근무한 지 한 달이 채 되지 않은 때였다. 이병철 회장과의 운영회의 일정이 잡혔다. 이병철 회장은 그룹 관계사 경영관리 담당들로부터 직접 경영현안이나 현황을 보고받는 회의를 가끔 열었다.

　"자네가 할 일이 무엇인가?"

　회장께서 회의에 처음으로 참석한 내게 질문했다.

　"회장님께서 관계사에 경영 철학도 전파하셔야 하고 부실 방지를 위해 경영 지도를 하셔야 하나 관계사 수도 많아지고 회장님께서도 연로하셔서 직접 하시기 어렵습니다. 그 일을 각사 사장들께서 직접 하면 좋으나 회장님보다 경륜이 짧으니 저희가 회장님을 대신해서 경영 철학도 전하고 회사의 부실을 사전에 막는 역할을 합니다."

　선배들이나 팀장이 가르쳐 준 답이었지만, 스스로 해야 할 역할을 깨

닿는 계기가 됐다. 회장님을 대신해서라는 말이 주인의식을 갖게 했다. 간단한 질문과 답 하나를 통해 주인의식과 본인이 해야 할 역할을 명확히 깨달을 수 있었으며, 회장님의 경영 철학에 다가가 본 느낌도 들었다.

회의를 통해 배운 것은 문제의 원인을 알아내는 것이었다. 운영회의 때 보고한 내용은 문제점부터였다. 잘하고 있는 일들은 이미 각 관계사에서 보고하니 우리 부서가 해야 할 일은 문제점을 찾아내어 근본부터 고치게 하는 일이었다.

그날은 전자 담당이 보고를 했는데 회장께서는 왜 그렇게 되었는지 계속 질문하셨다. 무엇이 잘못됐는지 근본 원인을 밝히려 하신 것 같다. 나는 그때 사람의 중요성을 다시 깨달았다. 눈에 보이는 원인은 자재 불량이나 설비의 문제 등에 있지만 이 모든 걸 결정하고 추진하는 건 사장을 비롯한 경영자들이다. 바로 사람의 몫이다.

삼성은 이런 인재 제일주의의 가치관으로 회사를 부흥시키고 반도체의 꽃을 피웠다. 그후 나는 회사에 대한 주인의식을 확실히 가지게 됐다. 회장님을 모시고 가진 운영회의는 나에게 처음이자 마지막이었다. 그 이후로는 회장님의 건강문제로 전체 운영회의는 할 수 없었다.

□ 불황의 파고

조선사업과 해양사업에 가장 영향을 주는 요소는 물동량과 유가다. 1980년대는 저 유가가 상당 기간 지속됐다. '플라자 합의' 후는 엔화의 가치도 2배 이상 급등한 엔고의 시대였다. 내가 비서실에 근무하던 1980년대 말에도 저유가가 지속됐다. 저유가와 물동량 감소로 조선 분야와 해양사업은 어려운 상황에 내몰렸다. 당시 조선사업도 어려웠지만, 해양사업은 저유가 때문에 선주들의 발주 기피로 이어지게 돼 어려움이 가중됐다.

설상가상 한국 조선소들은 일본에 밀려 수주물량 확보가 더 어려워졌다. 그 당시는 유럽을 비롯한 전 세계 선주들이 한국의 조선소가 건조한 선박에 대해 품질을 신뢰하지 않았다. 꼭 하겠다면 일본보다 5~10% 정도 가격이 낮아야 수주를 받을 수 있었다.

일본은 엔고로 수주가 어려워지자 선주들이 자동온도조절 기능을 가진 컨테이너선 등 새로운 기술을 적용한 선박을 요구하더라도 과거와 같은 선박을 건조하는 대신 가격을 깎아주는 전략으로 대응했다. 그런 계약이 성사되다 보니 한국 조선업계는 더욱 곤경에 빠졌다.

일본도 어렵기는 마찬가지였다. 직원들이 도시락으로 점심을 해결하고, 사무실 건물 외벽에 페인트 칠도 하지 않았다. 생산 비용 이외에는 비용을 전혀 지출하지 않았다. 일본 특유의 '마른 수건 짜기'식 원가절감에도 한계가 있었다. 심지어는 도크 안에 광어까지 키우는 조선소도 있었다.

그때 거제조선소는 신조선부에서 일반상선을 건조했다. 컨테이너선 건조기술만큼은 세계에서 일등이었다. 해양사업부는 석유 시추와 관련된 사업으로 부유식 원유생산 저장 하역설비(Floating Production Storage and Off-loading)를 건조했다.

당시 해양사업은 장기간 수주 공백이 예상되던 시점이었다. 그룹의 입장에서는 사업의 방향성 결정이 필수불가결했다. 직급은 대리였지만 비서실 운영3팀에서 해양사업을 담당하던 나는 향후 해양사업의 방향에 대해 검토해야 했다. 불현듯 '자네가 할 일이 무엇인가'라는 이병철 회장님의 질문이 나를 밤새며 뒤척이게 했다.

유가의 방향과 사업주들의 동향을 여러 가지로 분석해 보았으나 개선될 기미는 보이지 않았다. 어쩌다 수주물량이 생기면 경쟁사들의 저가 공세로 건조비를 겨우 건지는 수준에서 낙찰되곤 했다. 나는 앞으로의 유가 동향, 해양사업 전망, 해양사업 철수 시 손실과 인력 재배치 문제 등을 종합해 확보한 기술력을 보존하는 수준에서 인력을 유지하고 해양사업은 시황이 호전될 때까지 중단해야 하는 것으로 보고했다.

그 이후에도 조선 시황도 회복되지 않고 침체가 계속되자 당시 삼성중공업 총괄 대표이사였던 최관식 부회장이 신규사업 발굴차 유럽의 관련 회사들을 방문했다. 나도 합류했다. 출장 때의 검토 대상 사업은 잠수함, LNG선 건조 기술, 고속철 제어 시스템이었다. 이 가운데 재래식 잠수함 사업은 국내에서는 이미 방위산업체로 지정을 받은 대기업이 두 군데나 있었고, 수출시장도 한계가 있는 데다 소형이어서 부가가치가 낮으므로 추진하지 않기로 결정했다.

당시 비서실 팀장은 삼성중공업 플랜트 사업부 출신인 김학준 상무였다. 그분은 향후 노사분규에 대비하기 위해 자동화를 추진해야 한다고 주장했다. 김 상무는 나에게 출장 때 유럽에서 자동화 설비 제작업체를 꼭 찾아내라고 주문했다

☐ 멤브레인형 LNG선의 기술력 확보

나는 조선소 현장에서 비록 1년반의 짧은 기간에 근무하고 그룹비서실로 파견됐으나 원가관리업무와 임원을 비롯한 부서장과 회사의 평가 업무를 담당하면서 현장 구석구석을 이해하려고 힘썼다. 기술력이 원가에 미치는 영향, 고급컨테이너선과 LNG선 등의 고부가가치선 건조의 중요성 등을 절실히 느낄 수 있었다.

조선소의 설비와 기술을 활용해 고부가가치선을 건조해야 했다. 일반선 분야의 고부가가치선이었던 초대형 컨테이너선은 삼성중공업이 이미 세계 최고의 기술력을 가지고 있었다. 초대형 컨테이너선보다 부가가치가 높은 선박은 특수선인 LNG선뿐이었다. LNG선은 천연가스를 액화시켜 운반하는 특수 선박이다. 중동지역에서는 운송을 할 수 없어 버리는 천연가스를 -163도로 낮추면 액체가 돼 부피가 600분의 1로 줄어든다. 액화천연가스를 운송해오면 가격이 저렴하고 품질이 좋은

LNG 가스가 되었다.

당시 액체를 저장하는 용기는 둥근 모스형이 주종이었다. 사각형 상자 모양의 맴브레인형은 일부 기술적 결함과 대형화 생산기술을 보유하지 못했기 때문이었다. 우리나라 조선업계는 현대가 모스형 기술을 독점적으로 도입한 상황이었다. 삼성은 모스형 기술 도입을 할 수 없었다. 정부에서도 LNG선 국내 기술 확보를 하려고 한국가스공사가 발주하는 LNG 선박을 국내 선사로 결정했다.

그때는 국내와 세계에 모스형이 많았고 LNG선에 대한 기술력과 정보가 부족했다. 산업부에서도 LNG선은 둥근 모스형만 염두에 두고 있었다. 맴브레인형의 개발과 도입은 한국의 조선사업을 바꿔놓았다. 삼성중공업은 모스형이 가지는 한계를 넘을 수 있는 LNG선 건조가 한국 조선업계에서 1등, 세계 조선업계의 상위국으로 가는 길로 판단했다. 모스형은 대형화할 수 없고 선원들도 갑판 위의 원형 화물창을 이동하는데 위험요소가 많아 맴브레인형 기술을 확보를 위해 출장을 가게 된 것이다.

우리가 방문한 회사는 프랑스 테크닙사였다. -163도의 극저온에 견디기 위해 니켈합금을 사용하고 온도의 변화에 견딜 수 있도록 주름을 만들어 신축에 대비하고 있었다. 용접자동화설비도 사람이 직접 용접부위에 이동해서 용접하고, 적은 용량의 화물창 설계기술을 보유한 회사였다. 기술력은 있으나 당면한 한계가 있는 것 같고 자동화 되지 않은 점도 눈에 보였다.

당시에 맴브레인형은 원형인 모스형과는 달리 박스형 화물창 모서리가 가스의 압력에 의해 집중적으로 힘을 받아 찌그러지는 현상을 해결하지는 못할 때였다. 삼성중공업은 프랑스로부터 멤브레인 설계기술을 도입했으나 업체가 오래 전에 생산을 중단해 도입된 설계기술만 가지고, 일본과 생산기술을 공동으로 개발하게 됐다.

맴브레인형 기술 확보와 대형화를 위해 일본의 생산기술, 유럽의 설계기술을 도입하고 용접 연구에도 박차를 가했다. 이 사업에는 이해규 부회장의 리더십이 빛났다. 서울대 법대를 나왔지만 '법대 조선과' 출신이라고 불릴 정도로 조선 기술을 파고들었고 경영과도 접목시켰다. 치밀하게 밀어붙이는 추진력이 돋보이고, 기술자들과 논쟁을 해 이길 정도의 기술력과 소통력을 갖춘 분이었다.

이 같은 시도로 삼성중공업은 1996년 12월에 처음으로 LNG선을 수주했다. 맴브레인형 LNG선 기술력도 확보했다. 나는 그룹비서실에서 근무하던 1990년의 프랑스 파리 출장 때부터 1996년 7월 삼성중공업으로 다시 돌아와 이 과정을 지켜보면서 삼성의 힘과 결집력을 확인할 수 있었다. 이 혁신적인 기술력은 성공으로 이어지고, 경쟁력 향상을 가져왔다. 나는 기술력을 토대로 경제에 기여한 경험들을 일관성 있게 적용하면서 삼성중공업의 적임자로 자리매김하게 됐다.

□ **고속철 제어기술을 찾아 낭뜨로**

"고속철 자동 제어장치" 제조기술을 가진 회사는 프랑스 낭뜨에 있었다. 파리에서 낭뜨까지 약 4시간 떼제베를 시승했다. 대부분이 직선 철길이고 300km 속도 구간이 많아 전봇대가 형체를 모를 정도로 스쳐 지나갔다. 우리나라 지형의 특성상 커브를 완만하게 하더라도 그 정도의 최고 속도 유지는 어려울 것 같았다. 터널을 만들어 직선화하더라도 터널 안에서는 귀가 멍해지는 현상이 발생해 한국지형에는 적합하지 않다는 생각이 들었다.

'고속철 속도 제어장치 기술'은 시속 300km로 달리는 고속철의 속도 정보를 육상으로부터 받아 이를 감시하며 열차 내에 표시하고 조정하는 시스템이다. 창원 사업장에서 이 시스템을 만들어 내려면 중전기 기반 기술 등의 사업을 위해 필요한 기본 인프라 확보가 필요해 향후 중전기 사업과 연계해 재검토하기로 했다.

낭뜨는 아름다운 해변의 작은 도시였다. 이름난 관광지는 아니었으나 전형적인 유럽의 느낌이 드는 도시였다. 이 지역에 우리의 한옥을 연상케 하는 호텔이 있었다. 루이 14세 왕비가 거주했던 곳으로 옛 건물을 그대로 유지하는 호텔이었다. 창문은 마치 우리의 옛 한옥 창문을 보는 느낌이었다. 마주 보게 열고 닫는 창문은 변형돼 틈새가 벌어져 있었으나 원형 그대로를 살리고 있었다.

1박 호텔비가 250달러여서 더욱 놀랐다. 당시 파리의 고급호텔의 숙박비 수준을 알만 했다. 정원의 고목은 호텔의 역사를 말해주는 듯했고, 담을 타고 오르는 담쟁이가 인상적이었다. 오래된 정원의 고목과 벽을 타고 오르는 담쟁이를 보며 잠시 고향 집생각을 했다. 시골집 담벼락에는 지금도 담쟁이가 있지만, 어릴 때는 더 많이 있었던 걸로 기억한다. 어릴 때 우리는 "눈까쟁이풀"이라고 불렀다. 담쟁이 잎에 붙어있는 나뭇잎 줄기를 잘라 눈꺼풀을 뒤집기도 했는데 그때 붙여진 우리만의 명명이었다.

호텔에서 조금만 가면 해변이었다. 이 나라 전체면적이 크고 자연환경이 우리나라와는 다르게 넓은 백사장과 쪽빛 하늘이 유럽의 또 다른 모습을 보여 주었다.

나는 4시간의 떼제베 시승과 낭뜨 해변, 고색 창연한 호텔에서 숙박하면서 파리와는 다른 유럽 여행의 즐거움을 맛보았다.

▢ 자동화 설비의 물꼬를 트다

다음날 파리로 돌아와 일행은 귀국하고, 나는 남아서 자동화 설비 현황을 파악해야 했다. 당시 유럽지사에서 근무하던 입사 동기에게 조선소 가운데 자동화가 잘돼 있는 곳을 연결해 주도록 부탁했다.

나와 동기생은 핀란드의 바찔라조선소로 향했다. 이 조선소는 규모가 작았으나 추운 지방이라 도크에 지붕이 덮이고 조립, 용접공정 로봇이 있었다. 해 질 무렵의 바찔라조선소의 날씨가 스산했다. 오래된 조선소의 풍경은 당시 유럽 조선업계의 위상을 보여주는 듯 초라했다. 단지 소수의 인원으로 가장 비싼 선박인 크루즈선 건조로 명맥을 잇고 있었다.

크루즈선은 삼성중공업도 시도했지만 한국 조선업계에는 맞지 않는 선박이었다. 한국의 조선업계는 대규모의 설비를 이용해 동시에 많은 양을 건조해 고정비도 흡수하고 이익을 내야 하는 구조였다. 그러나 크루즈선은 가격은 비싸도 전 세계의 발주량이 10척 내외라 대량 수주가 불가능한 선박이었다. 거기에 선박 건조 때 가장 중점을 두어야 하는 것이 내부 인테리어였다. 세계의 5성급 일류 호텔 인테리어 만큼의 수준이어야 했다. 오랜 기간에 걸쳐 작업한다면 다른 선박의 건조 양이 절대적으로 감소할 수밖에 없다.

바찔라조선소의 생산 간부를 회사 입구에서 만났다. 기름 묻은 작업복을 입은 50대 후반의 외국인이었다. 조립 라인의 자동용접설비를 그와 함께 보러 갔다. 자동화 설비를 보면서 가동률과 능률에 대해 집요하게 물어보았다. 그 생산 간부가 갠츄리 크레인형 자동용접설비는 바찔라조선소자회사에서 만들었으나 조선소에는 잘 맞지 않아 요즘은 사용하지 않는다고 했다.

자회사는 수도인 헬싱키 근처에 있었다. 이튿날 자회사를 돌아보기 위해 시골의 조그마한 호텔에 머물렀다. 이곳은 아무리 시골이라도 핀란드식 사우나는 필수적으로 있었다. 구경삼아 사우나에 갔더니 친구와 나밖에 없었다. 워낙 추운 지역이라 외출하고 돌아오면 핀란드식 사우나에 가서 몸을 녹인다는 것이었다.

이튿날 자회사를 방문했다. 이 회사의 자동화 설비는 역사가 깊었다. 지금까지의 자동화 설비는 주로 의류를 재단하고 재봉까지 마무리하는 설비였다. 하지만 자기들이 보유한 의류생산 자동화와 선박 용접 부분 자동화는 다르지 않다고 말했다. 대상만 헝겊과 철판의 차이라 보고 바쩔라조선소 자동용접설비도 개발했다고 했다. 의류 자동화 설비와 선박 용접 자동화 설비의 기본기술이 같고 기술적으로 문제가 없으니 꼭 발주해 달라고 부탁했다.

나는 우리 회사에 자동 용접 설비의 가능성과 필요성을 설명하기 위해 자동화 설비 가동 영상이 담긴 CD를 가지고 귀국했다. 자동 용접설비 가동 영상이 담긴 CD를 팀장께 보였더니 역시 관심이 많았다. 조선소 임원들에게 CD를 보여주면서 자동화 추진계획을 세우라고 권고했다. 그때부터 조선소의 자동화에 관한 관심이 높아졌고 나중에 자동화 연구소가 별도로 마련됐다. 선박 외판 조립 자동화를 비롯해 용접 자동화를 삼성중공업이 한국에서는 가장 앞서 개발했다.

□ 경영 안목을 키우다

정부의 발전설비 일원화 정책으로 경영 정상화가 된 한국중공업의 민영화가 추진됐다. 한국 중공업이 삼성에 내정되었다고 할 정도로 삼성의 인수가 가시화되고 있을 때였다. 어느 날 퇴근 무렵 경영관리를 총괄하는 이경우 전무가 나를 찾았다. 다음 날 한국중공업 인수 관련 회의를 하는데 의견을 달라는 것이었다. 기획팀 주관으로 회의를 하지만 경영관리 입장에서 복안을 가지고 가려는 것 같았다. 당시 경영관리 총괄 전무는 그룹의 중요 의사결정에 비서실장 다음으로 영향력이 컸다.

퇴근과 동시에 호텔로 직행했다. 그때는 야근이 잦아 아예 호텔을 잡아 두었다. 중공업에서 회사 인수와 회사 설립에 관해 내용을 잘 아는 총무부장만 오라고 해서 기초자료를 받고 혼자 작업했다. 발전설비 일원화 당시의 손익 구조상으로 미래를 전망해 봤을 때, 상당한 인수 비용이 들어가도 이 비용을 회수하는 데는 전혀 문제가 없었다. 영업권을 주더라도 몇 년 이내에 만회할 수 있을 정도로 수익성이 좋았다. 하지만 발전 사업 일원화 유지와 공기업인 한국중공업이 삼성으로 인수된 뒤에도 한국전력이 터빈과 보일러의 이익률을 보장해줄 것인가가 가장 큰 관건이었다.

발전 사업에 대한 구조개혁도 함께 논의됐다. 한국중공업 발전 사업 일원화로 누리던 반사이익을 과거처럼 기대할 수 없을 것 같았다. 다음 날 나는 이러한 요지로 인수 반대 내용을 보고했다. 전무께서는 몇 가지 질문 외에 다른 얘기는 하지 않았지만 결론적으로는 반대의견에 동의한 것 같았다.

삼성그룹은 한국중공업 인수를 포기했으며 두산그룹이 인수했다. 이 때 나는 비록 직급은 과장이었지만, 주로 사장들이 의사결정을 해야 하는 과제들을 분석하고 결정해 보고했다. 특히 한국중공업 인수 같은 문제는 그룹 차원에서도 상당히 중요한 문제였다. 하지만 나는 비서실에 근무하면서 직급은 과장이라도 회사 전체를 보고 사장의 입장에서 의사결정을 해야 하는 업무를 경험하면서 일찍부터 경영의 안목을 키울 수 있었다.

□ 한 지붕 다섯 가족의 경영관리부장

1992년, 새로 부임한 운영3팀장은 팀원들을 교체할 방침을 밝혔다. 일정 기간이 지난 팀원들을 관계사로 원복시켰다. 나는 당연히 중공업으로 간다고 생각은 했지만 그래도 몇 사람의 의견은 들어보았다. 이구동성으로 일을 가장 잘할 수 있는 회사로 가라고 했다. 나는 대리 때 일찍 비서실로 파견돼 다른 동기들보다 승진은 빨랐지만 여전히 과장 신분이었다.

비서실 승진 관례로 보자면 차장 승진 순서였기 때문에 중공업에서 차장으로 승진 시켜 주겠다는 언질을 받았다. 당시 중공업 전사 경영관리를 맡고 있던 분은 그룹비서실 감사팀장 출신인 홍성일 상무였다. 오랫동안 비서실 감사팀장을 하면서 이병철 회장을 모셨다. 회장님의 안목에 맞는 경영전략을 수집하고 실무적으로 받쳐줄 경영관리부장을 찾으려 했다. 홍 상무는 내게 중공업 경영관리로 오라고 여러 번 이야기했었다. 내가 그룹비서실 출신에다 경영관리 업무를 잘한다는 의견이 많았기 때문이었다. 나도 당연히 가장 자신 있는 중공업 경영관리를 선택했다. 중공업은 뜻밖에 바로 경영관리 부장직을 맡겼다.

당시 중공업은 한 지붕 다섯 가족이 생활하는 형태였다. 전체 경영을 관장하는 최관식 부회장이 있었고, 사업부 단위는 조선, 플랜트, 중장비, 상용차, 자동차였다. 각 사업 단위는 사장급이 책임지고 경영했다. 다섯 개 사업부를 모아서 경영 회의를 하고 전략을 수립하려면 단순 취합을 하는데도 많은 시간이 소요됐다.

우리 부서에는 나보다 입사 연도가 빠르거나 비슷한 과장들이 많아서 내 자리가 다소 불편할 수도 있었다. 하지만 비서실에 근무할 때 현장 책임 간부들과 업무 협조 관계로 교류가 많았고, 자료를 쉽게 작성할 수 있도록 배려하고 어려운 일을 해결 해 주었더니 지시에 잘 따라 주었다.

소대장 시절 소대원들과 함께 완전군장으로 구보하던 일을 떠올리며 솔선수범했다. 과장들이 한 일을 모아 최종 결론을 내거나 회사의 전략으로 확정해야 하니 자료를 꼼꼼하게 확인할 수밖에 없었다. 귀찮을 정도로 점검하고 철저하게 확인했지만 부장이 더 고생한다고 생각해서였는지 이의가 없었다.

□ 위기를 헤쳐가다

중공업의 5개 사업부 중 플랜트 사업부는 창원에 공장이 있었으며, 발전설비 일원화 영향으로 발전설비 대신 각종 플랜트 사업 설비를 제작했다. 플랜트 사업은 발주처의 공장을 건설하거나 생산설비를 제작하기 때문에 수량이 많지 않아 사업장 가동률이 불안정해 안정적인 물량 확보가 경영의 관건이었다.

이에 따라 공장의 일정한 생산 물량을 확보하기 위해 계획 생산하는 양산 사업을 신규사업으로 추진키로 했다. 여러 가지 검토 끝에 정밀기계류를 생산하기로 하고, 내가 비서실에 근무할 때인 1990년에 중공업에서 사출기 사업을 추진했다.

당시 그룹의 경영방침은 기술 경쟁력 확보였다. 세계에서 사출기 제작기술은 독일의 클뢰크너사가 가장 우수했다. 클뢰크너사와 기술 도입과 합작 투자(5:5)해 '삼성클뢰크너'라는 삼성중공업의 자회사로 법인을 설립했다.

충청도 당진에 공장을 설립하고 사업을 시작했다. 초기에는 제작기술 부족으로 고전했다. 어느 정도 생산이 안정됐을 때는 판매가 부진했다. 당시 우리나라 사출기 시장은 저급 플라스틱 주물을 만드는 대당 2, 3천만 원 정도의 기계가 주로 판매됐다. 반면에 삼성제품은 정밀도가 높고 생산도 자동으로 제어되는 대당 1억 원 정도의 고급기계였다.

판매처는 정밀 시험용 장비를 만드는 연구소 정도라서 결국 판매 부진으로 경영이 악화됐다. 자본은 완전 잠식 상태였다. 사업 철수 결정 후 회사의 고민은 클뢰크너사가 출자한 자본금 부분이었다. 삼성중공업이 경영했기에 5대 5 출자라 하더라도 출자금을 돌려달라고 할 가능성이 컸기 때문이다.

중공업으로 다시 와서 경영관리 부장으로 근무한 지 1년이 조금 지난 연말이었다. 1993년 말경, 중공업 본사 경영관리부장으로 해야 할 일이 생겼다. 독일의 클뢰크너사로 자회사 사장과 출장을 갔다. 클뢰크너사가 출자한 자본금을 반환 없이 사업을 정리하기 위해서였다. 당시 자회사 사장은 중공업에서 조선 사업본부장(사장)을 지냈던 이용길 사장이었으며 내가 대리였을 때, 거제에서 본부장으로 모셨던 분이었다.

우리는 독일 클뢰크너 사장에게 자본잠식 현황을 보고하고, 누적 결손금을 5대 5로 부담하자고 먼저 요구하기로 전략을 세웠다. 최종적으로는 클뢰커너사의 출자금을 결손 보전하고 추가 결손금은 삼성중공업이 부담하며 사업을 철수하는 것이 목표였다.

계획대로 적자의 50%를 클뢰커너사가 보전해 달라고 강력히 요구했다. 우여곡절 끝에 독일클뢰커너 사장은 독일에서는 사업 청산 때 자본금 범위에서 사업을 청산한다고 몇 번이나 강조했다. 당초 계획대로 클뢰커너의 자본금을 전액 결손 보전하고 사업을 청산했다. 중공업으로서는 시장 상황에 맞는 제품개발의 중요성을 뼈저리게 느끼는 계기가 됐다.

1990년대 후반부터 IMF 여파로 국내의 경기는 극도로 위축됐다. 사업 구조조정의 필요성이 대두돼 중공업도 결론적으로 한 지붕 다섯 가족을 각각 분리해 독자 회생한다는 결론을 내렸다. 각 사업의 사장 책임하에 구조조정이 진행됐으나 검토해야 할 일과 조정 때 매각 기준 등 전체적으로 할 일이 많았다.

가장 먼저 중장비 매각이 진행됐다. 중장비 사업 중 건설기계 사업부문은 스웨덴의 볼보건설기계에, 지게차 사업은 미국 클라크사에 매각했다. 매각 때 영업권까지 받았으나 인수회사에서 채권을 양수받지 않기로 해 채권 회수가 문제였다. 결국 채권 회수는 삼성중공업의 몫이 됐고, 할부 채권의 특성상 많은 손실이 발생했다. 상용차와 자동차는 별도 법인으로 분리해 1996년에 삼성자동차와 삼성상용차를 설립했다. 플랜트 사업은 정부의 빅딜 대상이었으며, 한국중공업에 발전 사업을 양도하게 됐다.

나는 과거에도 사업이 어려울 때 여러 가지 경우의 계획을 수립하고 검토했다. IMF 때는 사업의 양수, 양도, 매각 등의 실무를 집중적으로 했다. 사업의 영속성이나 시장 상황의 중요성 등 많은 것을 배우는 시기였다.

□ 환자손으로 대형적자

1997년, 중공업은 IMF 여파로 환율이 급등해 대규모 적자가 발생했다. 조선 사업은 선박 대금을 달러로 받기 때문에 달러를 얼마에 원화로 바꿀 수 있느냐가 수익률을 가름했다. 선박을 설계하고 건조하는 데는 3년 정도 소요된다. 계약 때 선가의 80, 90%까지 선수금으로 받는 계약도 있다. 물론 미리 주는 만큼 이자를 선가에서 빼주기 때문에 저금리인 선진국에서는 이자 차익을 누릴 수도 있어 가능한 계약이다.

IMF 이전에는 모든 환율 예측기관들이 원화가 강세로 갈 것으로 예측했다. 중공업도 앞으로 입금될 달러를 선물환율로 적용해 미리 팔아 환율을 확정시켰다. 미래의 약속된 시점에 달러를 주고 약속된 환율로 원화를 바꾸는 계약이었다.

당시 삼성그룹의 환율 적용은 각사가 마음대로 예측해 적용하는 게 아니었다. 그룹비서실 재무팀의 환율 지침을 받아 운용했다. 선물환율은 은행에서 정해진 환율로 운용했다.

중공업 재무팀은 달러 강세가 더 진행되기 전에 미리 달러를 팔기 위해 대규모 선물환 계약을 했다. 그러나 IMF가 닥치면서 환율은 예측과 달리 거꾸로 곤두박질했다. 대개 달러당 900원 전후로 예측했으나 IMF 후 원화 가치가 떨어져 달러당 1,200원에서 1,800원까지 올랐다. 중공업은 달러당 1,200원에서 1,800원으로 바꾸어야 할 달러를 900원대로 바꾸게 됐다. 재료비 등 외화로 지출돼야 할 부분은 1,200원에서 1,800원으로 지출하게 됐을 뿐만 아니라 외화 차입금에 대한 환차손 발생으로 대규모 적자가 발생했다.

선물환 영향으로 대규모 적자를 본 이듬해였다. 비서실 경영진단팀장을 역임한 김징완 부회장(당시 부사장)이 중공업 경영지원 실장으로 부임했다. 부임 후 경영 현황 보고를 하라는 지시했다. 대규모 적자 원인을 설명했으나 그렇게 큰 적자가 난 원인이 뭐냐고 재차 물었다.

김 실장의 얼굴은 화난 표정이 역력했다.

"환율은 누가 예측하느냐?"

"비서실 지침에 따라 운영하고 선물환은 은행에서 정해진 선물환율로 거래를 합니다."

나는 원론적으로 대답할 수밖에 없었다. 자금 운영과 선물환은 중공업 재무팀에서 운영한다는 것과 그룹의 환율 운영 시스템을 누구보다 잘 알고 있다고 했지만, 김 실장은 질문을 거듭했다.

"니는 뭐 했노?"

경영관리 실무를 총괄하는 부장이 환율 운영에 무슨 역할을 했느냐는 추궁이었다. 사실 그 질문에 할 말이 없었다. 김 실장은 작심한 듯 계속 야단쳤다. 환율을 알려주는 대로 운영하면 경영관리를 총괄하는 관리부장이 하는 역할은 무엇이고, 경영관리를 총괄하는 부서가 업무 영역이 어디 있느냐는 등 당장 사표를 던지고 싶을 정도로 추궁했다.

김 실장은 예전에 삼성물산에서 근무할 때 환율을 매일 수첩에 적어 다니면서 예측했다고 했다. 물론 환율 예측은 부장이 하지 않는다. 하지만 회사가 대규모 적자를 본 데 대해 내게 야단을 친 것이었다. 나는 그때 삼성 입사 후, 제일 심하게 야단을 맞았다.

마음이 너무 상해 보고가 끝나자마자 관리 담당 임원이었던 정태성 전무를 찾아가 공장으로 보내 달라고 했다. 그때까지만도 내가 뭘 잘못했느냐는 생각뿐이었다. 관리 담당 임원도 김 실장 성격을 잘 아는지라 나를 달랬다. 며칠 동안 '니는 뭐 했노'라는 질문에 대해 생각하고 또 생각해 보아도 억울하기만 했다. 그러나 시간이 갈수록 내가 환율 운영에서 아무런 역할을 하지 못한 데 대해 반성했다. 구조상 어쩔 수 없는 일이었지만 김 실장의 질문은 틀리지 않았다는 생각이 들었다.

회사에서 사표를 내는 직원 중에는 의외로 상사와의 갈등인 경우가 많았다. 나 역시 상사와 갈등이 전혀 없었던 건 아니지만 그럴 때마다 윗사람의 장점만 본받겠다는 생각을 했다. 업무가 아니라 인간적으로 갈등을 빚었던 상사는 아무도 없었다. 무엇보다 삼성그룹은 학연, 지연 같은 인맥 형성이 없는 문화여서 업무 외에는 특별한 경우를 제외하고는 갈등이 생길 소지가 적었다.

그룹비서실 경영관리 업무 특성상 사장들이나 고위직 임원들을 많이 모신 바 있다. 그들은 각자의 장점과 리더십을 갖고 있었다. 나는 그들의 리더십과 장점을 본받고 싶었다. 김징완 부회장은 내가 본받아야 할 장점들이 많은 분이었다. 나는 김 부회장의 긍정적 마인드, 추진력, 문제 해결 능력, 현장 경영, 주인의식 등 여러 가지 장점들을 배우려고 애썼다.

□ 안개 낀 앞날

중공업은 사업구조 조정과 빅딜로 1999년에는 주력사업인 조선사업만 남게 됐다. 그때 전자와 연계해 대우조선과 빅딜설이 나돌았고 언론에 보도가 되기도 했다. 나는 중공업이 대우로 흡수합병되면 직장을 그만둘 생각을 했다. 남아 있더라도 회사의 핵심인 경영관리 업무 책임자는 인수회사에서 믿을 수 있는 사람을 보내기 때문에 임원으로 승진하기 어렵고 1, 2년 근무하면 퇴직이 예상되었기 때문이다.

답답함을 달래기 위해 주말 저녁이나 정상적으로 퇴근하는 날은 아내와 드라이브를 했다. 집에서 양평을 돌아오면 2시간 남짓 소요됐다. 그때 많은 대화를 나누었다. 주로 생계 문제와 애들 문제였다.

앞날이 어떻게 될지 몰라 의논 끝에 아내가 문구점을 차리기로 했다. 처음에는 아내 혼자 문구류를 사 왔다. 자정 무렵에 남대문시장이 열리면 물건을 사서 새벽에 귀가해야 했다. 나는 평일에는 출근에 무리가 있어서 같이 다니지 못하고 주말 밤에만 같이 다녔다.

남대문시장의 밤은 낮보다 더 찬란했다. 나는 어디가 어딘지도 잘 몰랐으나 집사람은 좁은 상가 사이로 잘 찾아다녔다. 결혼하기 전부터 그림, 서예, 목각, 차, 매듭, 꽃꽂이 등의 취미 활동을 해서인지 학생들이 좋아할 만한 선물을 잘 찾아냈다. 문구점은 아내가 매듭공예 솜씨와 포장 솜씨를 발휘해 학생들에게 인기가 있었다.

오늘날 정치인들은 우리나라 경제의 근간을 이루는 직장인의 애환을 잘 모른다. 마찬가지로 기업의 역할도 잘 모르는 것 같다. 기업이 수많은 직장인에게 일터를 주고 가계를 꾸려가게 하는 역할의 중요성을 알아야 한다. 중소 상공인이나 자영업자들, 농업이나 축산, 어업에 종사하는 사람들의 팍팍함도 알아야 한다. 국민이 잘살기 위해서는 각 분야에서 경쟁력을 가질 수 있도록 뒷받침해 주어야 한다. 그것이 국가 경제를 위한 기본정책이 아니겠는가?

경제 주체들이 경쟁력 있는 활동을 할 수 있도록 제도적 방침을 세우고 지원을 하는 것이 정부의 역할이다. 우리나라는 태생적으로 대기업이 앞장서서 국제 경쟁력을 확보하는 구조다. 강소기업들이 없었기 때문이다. 세계 일등의 강소기업들이 많이 있어야 대기업 위주의 성장에서 벗어날 수 있는데, 우리나라의 경우 산업화가 늦었고 대기업 주도로 산업화가 이루어졌기 때문에 어쩔 수 없는 현상이다.

과거에는 국내 일등만으로도 고객 만족이 되었지만, 이제는 정보와 무역의 장벽이 없어져 세계 일등이 돼야 한다. 물론 일등의 의미는 고객의 입장에서 가장 값싸고 품질이 좋은 것을 말한다. 대기업에서 완성품 위주로 생산하지만 모든 부품의 경쟁력이 있어야 완성품의 경쟁력이 생긴다. 강소 협력업체 육성을 위해 기술, 자금 등을 지원해야 한다. 그래야 상생을 통한 경쟁력 확보가 가능하기 때문이다. 정부는 이러한 상생이 잘 될 수 있도록 유기적으로 잘 엮어야 한다. 나는 그 시기에 우리나라 기업의 역할에 대한 중요성을 절감했고 실직을 앞둔 가장으로서의 아픔도 겪었다.

3. 삼성의 별, 임원이 되다

□ 삼성의 별, 임원이 되다

　1999년의 화두는 단연 Y2K로 불리는 밀레니엄 버그였다. 컴퓨터가 2,000년도를 인식하지 못해서 큰 혼란이 올 것이라는 우려가 있었다. 일부 업체들의 상술과 더불어 큰 관심사가 되었다. 이때 나는 회사 전체 경영관리를 총괄하는 경영관리부장으로서 IT분야도 관장하고 있었다.

　당시 IT분야의 관심사는 Y2K 문제를 어떻게 해결하느냐였다. 그런 방침에 각 사업장과 연계해 Y2K 문제를 해결하는 TF팀을 운영했다. 1999년 12월 31일 자정이 올 때까지 직원들은 모두 사무실에서 대기했다. 2000년 0시가 되자 가장 먼저 본사 사무실에서 이상이 없다는 연락이 왔다. 각 사업장에서도 이상 없이 연도를 인식했다는 보고가 왔다. 직원들은 서로 고생했다고 격려하고 자축하면서 희망찬 새천년을 맞이했다.

　그동안 계속 얘기가 되던 대우와의 빅딜도 대우전자의 부실 규모가 커서 무산됐다. 새천년을 맞이하고 며칠 지나지 않아 그룹의 임원 인사가 발표됐다. 벼랑 끝에 선 심정으로 하루하루를 보내고 있었는데 나도 임원으로 선임됐다. 그 옛날, 외갓집에서 제사를 지내고 아버지의 등에 업혀 집으로 돌아오던 길에서 어렴풋이 꾸었던 꿈이 이루어졌다. 나는 임원이 되면서 미래에 대한 모든 불안이 걷히는 느낌이 들었다.

　나는 43세에 글로벌 기업 삼성에서 임원이 된 것이다. 최연소 임원은 아니지만 이른 나이에 임원이 된 편이다. 입사 후 지나온 일들이 주마등처럼 뇌리에 스쳐 지나갔다. 내게 주어진 일은 끝까지 파고들어 완벽하게 처리하려 했고, 상사의 능력과 인품을 본받았다. 그리고 내 모든 일 중에서 항상 '회사가 먼저'라는 주인의식을 가슴에 담고 전체의 이익을 위한 업무를 하려 했다. 이런 자세가 바로 임원이 되는 길이 아니었을까 하는 짐작을 해 본다.

내가 임원이 되자, 아내는 서울에서 둘째 딸 뒷바라지와 내가 근무하는 거제를 오가느라 바빠서 문구점을 그만두었다. 둘째 딸은 홍익대 미대를 졸업하고 대기업 자동차 디자이너로 일하고 있다. 그때 맏딸은 미국에서 공부하고 있었는데 내가 실직했다면 국내로 다시 들어와야 하는 상황이었으나 무사히 학교를 졸업할 수 있었다. 이건희 회장 지시로 해외인력 확충 시에 삼성에 입사해 지금은 전자에 근무하고 있다.

신임 임원들은 그룹연수원에서 한 달간 임원으로서의 자세와 역할, 리더십 등에 관해 교육을 받는다. 다른 때와는 달리 디지털에 대해 많은 시간이 할애됐고, 다른 교육시간에도 디지털의 중요성에 대해 강조하는 강사들이 많았다. 심지어 교육본부에서는 상호인사 때시구호를 '디지털'로 할 정도였다.

지금 생각해 보면, 디지털 혁명이 가져올 변화를 예측하고 교육시켰지만 그때는 이러한 변화에 대해 인식하지 못했다. 교육을 이틀 남겨둔 날, 주력사업장인 조선소 경영관리 담당 임원으로 발령이 났다는 연락이 왔다. 원래 각 사업장 경영관리 담당 임원 배치 때 조선소는 규모도 크고, 노사문제가 상존해 경영관리 담당 중 제일 고참이 주로 근무했다. 그런데 이해규 부회장(당시 사장)이 신임 임원인 나를 선택하신 것 같았다.

기업에서 임원 승진은 군대에서 별을 다는 것과 같다. 그룹비서실 인사팀에서 이를 축하하려고 교육이 끝나는 날에 신라호텔에서 파티를 열어 준다. 이날 파티에서는 당시 삼성전자 이재용 전무가 직접 기념 시계를 나눠 주고 파티가 끝나면 임원 부부는 신라호텔에서 1박 하는 특대우를 받았다.

승진한 임원들을 축하하는 파티지만 원래의 목적은 배우자들을 위한 배려였다. 임원이 될 때까지 내조한 배우자들에게 자긍심을 가지게 하고 그동안의 노고에 감사하는 의미가 있었다. 배우자들에게는 그동안 느끼지 못했던 삼성 가족으로서의 자긍심을 갖게 되는 순간이며, 삼성에서의 잊지 못할 기억 중 하나가 되는 날이다.

아내에게 미안했지만 나는 교육일 하루를 남기고 거제로 돌아가야만 했다. 가장 중요한 행사인 경영전략 회의를 주관하기 위해서였다. 경영관리 담당 임원으로서 당해 경영전략을 직접 수립해야 하기 때문이었다. 항상 일이 우선이라고 생각해왔기 때문에 교육본부에 양해를 얻어서 하루 먼저 조선소로 향했다.

하루 꼬박 전략 회의를 준비하고 회의 때는 사업본부 전체 전략을 발표했다. 반나절 이상이 걸리는 회의였지만 피곤한 줄 모르고 진행했으며, 만족스럽게 끝났다. 당시 비서실 기획팀장(부사장)을 비롯해 많은 분이 회의에 참석해 내게 조선소 사람이 다 됐다면서 칭찬해 주었다. 조선소에서의 첫행보는 성공적이었다고 할 수 있다.

□ 디지털 바람이 불어오다

신임 임원 교육 때 실감하지 못했던 디지털 바람이 불었다. 2001년부터 여기저기서 경영 수단으로 등장하기 시작했다. 물론 선박의 경우 그 이전부터 항해 자동장치는 인공위성으로부터 데이터를 받아 운항하는 시스템이었다. 바다 한가운데서 설치작업을 하는 해양설비도 인공위성으로 위치추적 자료를 받아 해상에서 블럭 간에 정확하게 연결하는 작업을 했다.

어느 날 자동화팀에서 아파트 자동제어 시스템을 개발한다고 보고하러 왔다. 내용인즉, 외출했을 때는 집안에 가스를 켜둔 것을 확인할 수 있고, 밖에서는 난방시스템과 가전제품을 조절하고 집 내부도 볼 수 있도록 한 시스템이었다. 가전제품에 일부의 인공지능을 합성해 인터넷을 통해 집 내부를 감시할 수 있도록 되어 있었다.

　구매 부문에서는 구매업체의 납기 지연을 방지하기 위해 실사를 하러 가는데 회사에서 직접 공정을 체크하자는 제안도 들어왔다. 또 현장에서는 안전사각지대의 안전관리를 위해 카메라를 설치하자는 제안도 들어왔으나 현장 직원들의 작업 상태를 관리하는 도구로 비칠 수 있어 실시하지는 않았다. 처음에는 개념조차 어렴풋이 알았던 새로운 기술이 일상 생활과 회사업무에 경영수단으로 등장하는 것을 보고 신임 임원 교육 때 강조하던 디지털 바람을 체감했다.

　디지털 시대의 변화를 가장 가까이서 체험하게 된 것이 스마트폰의 등장이다. 책상 위의 컴퓨터가 하던 일을 대신 해주는 주머니 속의 컴퓨터가 스마트폰이다. 처음엔 불편하게 여겼던 스마트폰이 컴퓨터 역할을 대신하면서 시간과 장소의 제약을 받지 않게 됐다. 과거 대리 시절에 밤늦게 사무실에서 여직원이 워딩 작업을 하기 위해 기다리고, 자료를 가지고 경영진의 자택을 방문하던 시절은 그야말로 "호랑이 담배피던 시절"이 된 것이다.

　삼성그룹에는 결재를 비롯해 그룹의 소식부터 회사 업무를 전반적으로 할 수 있는 시스템이있었다. 이 시스템을 보고 노무현 전 대통령이 청와대에서 이 업무 시스템을 만들었고 삼성 SDS가 수주했다. 스마트폰으로 이 업무 시스템을 바꾸고 나서는 시간과 공간의 제약이 크게 줄었다.

　내가 I&I 사업부장을 맡으면 한 해의 절반을 해외에서 보내겠다고 한 것도 사실은 이 시스템 때문에 가능했다. 세계 어느 곳에 가 있어도 회사 소식을 알 수 있었고 업무 체크를 하는 데 불편함이 없었다.

　요즘 학부모들과 접할 기회가 가끔 있는데, 내가 해주고 싶은 화두는 4차 산업혁명에 대한 이야기다. 인터넷의 발달로 시작된 디지털 혁명이 어떻게 시작돼서 어디까지 왔는지 얘기를 해 준다.

이미 4차 혁명은 시작됐다. 은행 창구업무를 비롯해 가전제품 등에서 이러한 변화가 생겨나고 있다. 지금 초, 중학생들이 사회에 진출할 때는 많은 직종이 사라지고 새로운 직종이 생겨날 것이다. 이러한 흐름을 참고해 자녀교육을 해야 할 것이다. 영어와 코딩능력 등 학교에서 가르칠 때 충실하게 배우도록 당부하고 싶다.

□ 소통하는 조직이 돼야 한다

거제 발령 후 몇 달 지나지 않아 새로운 과제가 주어졌다. 임금 협상이었다. 사측과 노측 위원 각 10명으로 구성돼 임금협상을 했다. 논쟁의 초점은 경영 현황이었다. 회사 경영이 어려워 임금을 못 올려 준다는 내용을 알기 쉽게 설명하고 설득하고 아무리 설명해도 노측은 요지부동이었다.

노측 주장은 현장에서 예전보다 몇 배 더 일하는데 회사가 왜 어려우냐는 것이었다. 노측이 회사의 현황을 어느 정도 알면서도 입장 차이 때문에 억지를 부린다는 것을 알게 됐다. 설득은 협상 대표에게만 할 게 아니라 현장 직원들에게도 해야 했다. 협상 대표들은 현장 동료들이 원하는 대로 끌고 가기 때문에 현장 직원들이 회사의 형편을 이해하고 요구가 적어지도록 할 수밖에 없었다.

더구나 현장에는 집행부를 견제하고 차기를 바라보는 부류의 직원들이 상존했다. 임금협상(안)이 현장 직원들의 찬반투표에서 통과하려면 현장 직원들이 회사 경영 상황을 제대로 이해해야만 한다. 스무 번에 가까운 협상을 했는데 마지막 날 밤샘 협상으로 타결됐다.

이 같은 협상 과정을 거치면서 노사안정의 중요성과 경영목표 달성을 위해 가장 중요한 과제가 노사안정이라는 걸 새삼 느꼈다. 경영 현황 교육을 통해 현장 직원들과의 소통하기로 했다. 경영관리 총괄 임원으로서 다음 해 임금협상 준비에 바로 착수해야겠다는 생각도 들었다.

첫 임금협상 후 먼저 경영 현황 설명회를 했다. 임금협상에서 느낀 점은 현장 직원들이 회사 발표 실적을 믿지 않는다는 사실이었다. 이는 회계 상식과 회사 사업부제 시스템을 이해하지 못하는 데서 오는 결과였다. 100만 평 부지 위의 곳곳에서 일하는 3만 명(협력업체 포함) 직원을 대상으로 경영 현황 설명을 어떻게 할 수 있을지 구상해 보았다. 다행히 떠오르는 방법이 있었다. 당시에 그룹은 CATV를 통해 사내 방송을 하고 있었다. 현장 작업자들도 방송 시간에는 옥내는 물론 옥외에서도 방송을 시청했다.

사내 방송으로 경영 현황 설명회를 하기로 했다. 30분 정도면 현장에서 일을 엄청나게 할 수 있는 시간이지만 그보다는 회사 경영 현황을 알리는 것이 더 효과적이라고 판단했다. 첫 번째 방송을 하고 반응이 무척 궁금했다. 조선소 역사상 처음 시도하는 설명회였기 때문이다. 직장들에게 현장 직원들의 질문을 받게 한 뒤 소집했다.

질문이 쏟아졌다. 모르겠다는 내용을 비롯해 심지어는 언론 발표 내용과 다르다고 거짓말을 한다는 내용까지 있었다. 가장 큰 문제는 회계 시스템과 용어를 잘 모르고, 현장에서 하는 일이 회계 처리 상에서 어떻게 나타나는지 연결이 안 되는 것이었다.

관리회계 손익구분을 잘 몰라서 전사적으로 발표하는 회사 실적과 손익이 다른 데 대한 질문이 많았다. 그 외에도 많은 질문이 있었다. 직장들을 다시 불러 하나하나 설명해 주고 현장 직원들에게 교육해 달라고 부탁했다. 직장들의 교육이 끝나고 생산부장들에게 다시 질문을 받아오도록 했다.

또한 질문 내용에 대해 알려 주고 현장 직원들에게 설명해 주도록 했다. 현장 직원들이 이해될 때까지 설명해 주어야 효과가 있어서 대충 넘어갈 수가 없었다. 이 기회에 현장의 책임자인 직장과 부장들에게 먼저 교육이 필요했기 때문이다. 방송으로 하는 경영 설명회였지만 두 차

례에 걸친 직장들과 생산부장들의 교육을 겸했더니 기대했던 것보다 효과가 컸다.

다음에는 산청연수원에서 현장 직원 전체를 대상으로 교육시켜야겠다고 생각했다. 교육 계획을 일사천리로 짰다. 현장 직원들이 거제에서 산청으로 오가는 데는 회사 버스로 두 시간 이상 걸리고, 교육에 한 시간 정도 소요됐다. 작업에 지장이 있었지만 노사문제 발생으로 인한 손해보다는 덜 하다고 생각했다.

다른 교육에 우선해서 회계와 경영에 대한 교육을 시키기로 했다. 먼저 노사협의회 대의원 70명을 대상으로 교육했다. 참석한 대의원들에게 리더십이 뛰어나서 대표로 뽑혀 왔음을 먼저 알려주고 교육을 시작했다. 다행히 교육 중에는 별다른 반응 없이 교육에 충실했다.

교육 후 질의 응답시간이었다. 강성 대의원 한 명이 발언을 했다 "상무님은 월급을 얼마 받습니까? 상무님이야 월급을 많이 받으니 그런 말씀을 하지만 우리는 월급이 적기 때문에 회사 경영과는 무관하게 임금 인상이 돼야 합니다."

대의원의 발언에 답변을 해야 했다. 삼성의 임금 구조는 같으나 같은 호봉의 동료라도 평가에 따라 달랐다. 월급을 얘기하는 건 금기시 돼 있다. 특히 임원들은 조직의 사기 진작과 동기 부여를 위해 월급을 공개하지 않았다. 나는 초임 임원이기 때문에 평균수준 정도 받는다고 했다. 현장 직원의 임금은 우리 업계에서는 가장 높다고 덧붙였다. 더 이상은 민감한 질문들이 없었고, 용어 등에 관한 질문도 있어 다음 교육부터 더 쉬운 말로 교육하기로 마음먹었다.

교육이 끝나 오후 3시쯤 회사에 돌아오면서 지리산 천왕봉을 오르는 최단 코스인 중산리에 올라갔다. 중산리의는 관광음식점에서 직원들과 머루주나 막걸리를 마시기도 했다. 해 질 무렵 중산리에서 내려다보는 지리산 자락은 매우 인상적이라 그 이후에도 가끔 들르곤 했다.

조선소 근무 기간은 짧았지만 연초부터 줄기차게 현장 직원들을 교육한 결과 직, 반장을 비롯해 직원들과 많은 소통의 시간을 가질 수 있었다. 임금협상은 서로의 입장이 있기 때문에 아무리 교육하더라도 회사 안을 100% 수용하지는 않는다. 하지만 경영 현황 교육을 지속하고 설명회도 매분기마다 했다. 결과적으로 경영 현황에 대한 이해도가 높아져 심적 부담이 줄었다.

1년이 지나자 노사협의회 사무국장을 비롯한 몇몇 위원들이 경영 현황에 대해 알 것 같다면서 전화로 회사 현황을 물어 보는 직원들이 많아졌다. 2000년에 시작해 2004년 말까지 지속적으로 경영 현황 설명회를 한 결과 삼성경제연구소가 조사하는 현장 직원들의 회사 신뢰도가 40%에서 70%로 올라갔다. '니는 뭐했노?'라고 했던 김징완 사장도 내가 했던 경영 현황 설명회 덕분이라고 인정했다.

□ 미식축구팀과 동고동락

어느 날, 인사팀장이 이런 보고를 했다. 현장에 미식축구팀 동호회가 있는데 임원들이 아무도 고문을 맡으려 하지 않는다는 것이었다. 당시 모든 동아리에는 임원들이 가입해 지원하면서 활성화하는 게 회사의 방침이었다.

내가 고문을 맡겠다고 나섰다. 당시 미식축구팀은 거의 매일 저녁 대운동장에서 운동했다. 나도 약속이 없는 날은 운동하고 숙소로 들어가는 경우가 많아 운동장에서 연습하는 모습을 자주 본 적이 있었다. 고문을 맡기로 하고 운동이 끝난 후에 처음으로 이야기하는 시간도 가졌으나 분위기가 싸늘했다. 직원들은 내가 노사 관리상 형식적으로 고문을 맡았다고 생각했다.

분위기 반전이 필요했다. 운동이 끝날 무렵이면 경리과 직원들에게 뒤풀이 먹거리를 준비시켰다. 나도 운동장에서 땀 흘리며 함께 운동했다. 땀 흘리며 연습한 경기한 뒤에 함께 시원한 맥주를 들이켜고 치킨을 먹으면서 마음의 벽이 점차 허물어졌다. 그러면서 정도 쌓여 갔다.

미식축구는 몸으로 부딪치며 경기를 하기 때문에 강한 체력과 정신력이 따라야 하는 반면 경기가 조직적이고 체계적이어서 맡은 역할과 책임감이 있어야 하고 팀을 위한 희생, 봉사 정신이 요구됐다. 이러한 미식축구의 특성을 살려 이들이 현장의 리더로 성장할 수 있다는 생각도 들었다.

어느 날, 미식축구팀 맴버 중 한 명이 주례를 해 달라고 했다. 타지에서 온 직원이 거제에서 결혼식을 하면 은사나 고향의 지인을 주례로 모셔온다는 것은 쉬운 일이 아니었다. 그래서 현장 직원들의 주례는 현장의 임원들이 하는 경우가 많았다.

주례는 처음이었지만 하기로 했다. 경험이 없었으므로 주례사를 비롯해 식순 모두를 준비하고 숙지해서 갔다. 그러나 막상 예식장에 가니 긴장됐다. 호텔과는 달리 주례가 서는 자리에 단상을 놓아서 하객들이 주례를 잘 보이게 만들어 놓았다. 처음이라 간혹 자료를 보아야 하는데 주례사나 다른 자료를 보려면 고개를 많이 숙여야 했다. 요령껏 보긴 했지만 당황스럽기도 했다.

미식축구팀의 다른 맴버 결혼식 주례도 했다. 미식축구팀 맴버의 주례를 매번 같이 할 수 없었다. 미식축구팀이 다 하객으로 참석했기 때문이다. 같은 내용이라도 표현을 바꿔서 할 수밖에 없었다.

미식축구팀, 경영관리 직원, 럭비팀 합쳐 열 번의 주례를 했다. 주례사는 주로 이런 내용이었다. 서로 진실해야 하고, 자주 대화를 나누면서 소통하며, 누구나 완벽하지 못하니 부족한 부분은 서로가 채워나갈 때 행복한 가정을 이룰 수 있다고 했다.

주례를 준비하는 동안은 자신을 점검하는 시간도 됐다. 나는 제대로 실천하고 있는가? 스스로 반문해 보면 아내에게 마음을 잘 표현하지 않는 점이 걸렸다. 쑥스러울 것도 없고 당연히 표현해야 하는 일들을 그냥 이심전심이라고 넘기곤 했다. 주례를 하고 나면 아내를 좀 더 살갑게 대했다. 주례를 하면서 나를 돌아볼 수도 있었고 직원들과의 소통에도 도움이 됐다.

미식축구 시합은 거제가 아닌 부산에서만 했다. 부산, 경남팀 전체에서 OB팀은 3개팀뿐이었다. 크게 활성화되지는 않았다. 직장3인들로서는 하기가 쉽지 않은 운동이기도 했다. 선수들은 과거 삼성체전이 있을 때 럭비 선수 출신들로 구성되어 있어 체격이 건장하고 운동을 잘하는 선수들이 많았다.

시합 날 응원을 하러 가면 협회는 매우 좋아했다. 지금까지 회사에서 임원이 아무도 나오지 않았는데 내가 참석하니까 축사도 시키고 여러 가지 대접도 했다. 선수들도 본인들만 참석했을 때보다 신이 나는 듯했다. 시합이 끝나면 밤이 되었다. 밤에는 거제로 오는 여객선이 없었다. 배로는 한 시간이지만 버스로는 3시간이나 걸렸다. 시합이 끝나면 저녁을 먹고 회사 버스로 거제로 올 수밖에 없었다. 거제로 오는 동안 차 안에서 여흥을 즐기곤 했다.

그 후부터 미식축구팀원들은 가장 가까운 사이가 됐다. 처음에는 공식적인 자리에서 나와의 관계를 드러내지 않으려 했지만 주례, 저녁 운동, 부산 경기 등이 반복되면서 내 입장을 어디서든지 대변해 주었다. 체격이 좋고 운동을 잘하는 친구들이라 그중에 앞장서서 노조 활동을 하는 대의원들도 여럿 있었다. 현장 교육이나 행사 등에서 나의 든든한 후원자가 되어 주었다.

☐ "니 꺼라고 생각해 봐라."

임원으로 거제 현장에 근무하면서 직원들에게 한 말이 있었다. 하루 중 절반은 현장에서 보내겠다는 것이었다. 현장의 중요성을 잘 알고 있었기에 내 결심은 확고하게 지켜졌다.

경영관리는 사무실에서 실적이나 챙기고 서류나 만드는 건 의미가 없다. 특히 임원의 경우는 더 그렇다. 분석하고 전략을 세우고 평가를 해야 하지만 현장에서 먼저 실천해야 성과로 나타나기 때문이다. 현장을 돌면서 맞는 전략인지 점검이 필요하고 직원들에게 격려와 독려를 해야 한다. 큰 틀에서는 현장을 이끌어야 하므로 세부적인 내용은 모르더라도 설계나 생산에 관한 내용을 알고 있어야 경영관리가 가능하다.

날마다 오후에는 현장으로 갔다. 안전수칙에 맞춰 안전모와 안전화를 착용하고, 50cc 오토바이로 설계, 생산, 해양 등 현장 사무실과 현장 작업장을 순시했다. 보완투자가 필요한 곳은 반드시 현장에서 심의해 결정했다.

현장에서 투자의사 결정, 물류 흐름, 블록 적치 상태 등을 두루 보면서 가장 관심을 가진 건 용접 불량이었다. 조선업은 용접물량이 많아 용접 불량이 생산성에 미치는 영향이 가장 컸다. 용접 불량이 생기면 그 부분을 제거하고 다시 용접해야 하기 때문에 2배의 MH가 발생한다.

김징완 사장은 해외 출장 등의 영업 활동 때문에 한 달에 두 번 정도 거제에 왔다. 사업장에 들르면 100만 평 부지를 꼭 걸어서 현장을 확인했다. 나는 매일 50cc의 작은 오토바이로 반나절씩 현장에 다니면서 확인하던 때였다. 걸어서 하나하나 확인하니 내가 평소에 못 보던 것도 많았다. 현장의 담배꽁초에서부터 물류의 흐름, 블록의 위치, 안전 로프를 하지 않고 고소 작업을 하는 작업자 등을 세세하게 확인하고 지적 했다.

사장이 하나하나 보고 지적하는 모습을 보고 물었다.

"오랜만에 오셨는데 어떻게 그렇게 잘 보십니까?"

김 사장은 내 얼굴을 빤히 들여다보면서 한마디 하셨다.

"니 꺼라고 생각해 봐라."

꼼꼼하게 둘러보니 현장에는 생각보다 담배꽁초가 많았다. 거기다

흡연 장소에 있는 재떨이의 담배꽁초까지 합치면 흡연 직원이 많은 것으로 짐작됐다. 금연 운동을 시작하기로 했다. 흡연으로 인한 시간 손실이 상당한 만큼 금연에 성공하는 직원들은 거기에 상응하는 보상을 하기로 했다. 3개월 뒤, 금연에 성공한 직원들에게는 상금으로 2십만 원을 주었다. 그 후 상당수의 직원이 금연에 성공했다. 그 이후 책임의식과 주인의식을 더욱 다지며 현장을 패트롤했다.

▢ 혁신을 위해 흘린 땀방울

조선소에 근무할 때 노사문제 다음으로 신경 쓰며 추진한 일이 경영혁신이었다. 수주 산업은 프로젝트마다 경쟁사를 이길 수 있는 기술력과 원가 경쟁력이 있어야 하므로 혁신 활동은 불가피했다. 나는 혁신 업무도 관장해 회사 전체의 혁신 방향이나 기법, 과제 발굴과 지원 등 관련 업무를 맡고 있었다.

경영 혁신은 생산기술, 설계 등 현장의 모든 부문과 관련이 있다. 현장에서는 당장의 물량 처리에 바쁘기 때문에 혁신 활동이 소홀해질 수 있다. 가전제품에 일부의 인공지능을 합성해 혁신 활동을 할 수 있는 분위기를 만들려고 했다. 현장 직원들 입장에서는 단순한 제안 하나도 하기가 쉽지 않다. 안건을 언제든지 제안할 수 있도록 접수함을 늘리고, 시상금이 없던 단순 제안도 소정의 시상금을 지급했다. 부서장급 이상의 업적 평가도 배점 비중을 높여 업적과도 연결이 되도록 했다. 각종 회의 때 우수사례를 발굴해 회사 전체 회의 때 발표시키고 사장이 격려하도록 했다. 시상금도 다른 부문보다 높게 배정해 사기를 올렸다.

현장 직원들에게 혁신 활동 독려를 하기 위해 절반 이상을 현장에서 보내고 지원해야 할 사항을 파악했다. 땀 흘리며 발로 뛴 결과가 생겼다. LNG선 화물창 작업 진척에 따라 순서대로 화물창 내 족장을 설치하던 것을 도크 안벽에서 사전에 족장을 조립해 크레인으로 한꺼번에 조립된 족장을 화물창으로 집어넣음으로써 작업 기간을 3개월이나 단축한 성과가 있었다. 이러한 혁신 활동의 결과가 반영되고 새로운 생산 시스템이 구축된 것이 일등 조선소 만들기 프로젝트였다.

4. 세계 1등 조선소를 만들어라

□ 세계 1등 조선소를 만들어라

2003년 1월, 김징완 사장이 조선사업 본부장으로 부임한 얼마 뒤 나를 사장실로 불렀다. 느닷없이 세계 1등 조선소를 만들자고 했다.

"세계 일등 조선소를요?"

반문했더니 김 사장은 다시 말을 이었다. 한국이 조선업계의 일등이니 한국에서 1등을 하면 세계의 일등이 되는 게 아니냐고 했다.

한국에서 일등을 하려면 현대를 이겨야 했다. 현대가 울산 현대중공업 외에 미포조선소와 삼호조선을 가지고 있었기 때문에 생산량의 차이가 나서 전체 양으로는 비교 대상이 아니었다. 하지만 울산 현대중공업 부지가 250만 평이고 도크가 아홉 개인데 우리는 부지 100만 평에 도크 세 개로 현대의 울산 사업장보다 매출을 많이 하면 세계 일등이라는 요지였다. 김 사장의 논리와 목표는 명쾌하고 분명했다. 당시 매출액으로 순위를 따지자면 현대 1등, 대우 2등, 삼성 3등이었다.

나는 김징완 사장이 보기와 달리 분명하고 명쾌하게 목표를 설정하는데 다시 한 번 놀랐다. 그러면서 예산은 신경 쓰지 말고 우선 목표 달성에 대한 전략부터 세우라고 했다.

김징완 사장은 전략 회의 때나 전사 경영 회의 때 내가 발표하는 자료는 사전에 꼭 점검했다. 아무리 바쁘더라도 직접 확인했다. "전사

회의자료 발표는 손 상무가 하지만 내 생각을 발표하는 것이기 때문에 확인해야 한다."고 했다. 사장으로서 꼭 필요한 덕목이라는 생각이 들었다.

김징완 부회장에게 발표할 자료는 우선 방향성이 뚜렷해야 했다. 무엇을 하고자 하는지 분명했다. 목표 제시가 뚜렷하고 그 목표는 국내 1등이었다. 물론 국내 1등이 세계 1등이다. 현장의 잘잘못은 분명하게 지적했고 회사가 여력이 되는 한 현장 직원들에게 잘해 주려고 애썼다. 마지막에는 하이라이트가 있었다. 희망적이고 한번 해보자는 도전의식이 생기게 했다. 나도 마지막 발표장에 '붉은 악마'가 썼던 '꿈은 이루어진다'는 슬로건을 자주 인용했다.

불가능하다는 생각에 무거운 마음으로 사장실을 나왔다. 능률의 향상만으로는 도저히 도달할 수 없는 목표였기 때문이다. 단순하게 추진할 수 있는 방법은 능률을 올리고 부가가치가 높은 선박을 건조하는 수밖에 없다. 하지만 이 방법으로는 10%의 매출 증대도 기대하기 어려웠고, 능률을 올리는 것은 이미 한국이 일등 수준이며 노사문제 등으로 거의 한계치라고 볼 수 있었다.

고부가가치 선박으로는 이미 한국이 최고의 경쟁력을 가지고 건조하고 있고 척당 단가가 가장 높은 크루즈선이 있었으나 세계에서 발주되는 양이 연간 10척 내외여서 수주를 받을 수 있는 량이 1, 2척에 불과하다. 이마저 많은 인력이 동원돼도 건조 공기를 단축할 수 없었다.

소수의 인력이 꼼꼼하게 인테리어 작업을 해야 하는 특성 때문에 공기 단축을 할 수 없었다. 삼성이 주력으로 건조하는 LNG선, 해양구조물을 중점적으로 건조하는 것 보다 매출과 이익이 감소할 수밖에 없는 상황이었다. 이러한 상황에서 선박 건조 능력이 2배나 되는 현대 울산사업장보다 매출을 더 많이 한다는 건 그때까지 추진했던 방법으로는 도저히 불가능하다는 생각이 들었다.

☐ 1조의 투자 승인

사장실을 나와 혁신팀을 소집했다. 사장 지시 사항을 전달하고 아이디어를 물어봐도 별다른 대책이 없었다. 일단 아이디어와 정보를 수집해 다시 토의하기로 했다. 이틀 뒤 혁신팀장이 정보를 보고하려고 사무실로 왔다. 한진중공업이 도크 능력보다 많이 수주해 도크 효율 증대를 추진한다는 내용이었다. 세부방법으로는 크레인 능력이 부족해 도크 바닥에 레일을 깔아서 대형 블록을 밀어 넣는 방식을 연구하고 있다는 것이었다.

나는 바로 혁신팀을 소집해 한진중공업에 대한 세부 내용 파악과 우리 회사의 3천 톤 크레인을 활용해 블록을 대형화하는 방안을 검토했다. 선박 건조는 설계대로 철판을 잘라 절단 부위별로 용접해 조립했다. 블록 무게가 개당 통상 400톤인데 100개 정도가 선박 한 척이 됐다.

100여 개의 블록을 조립하는 곳이 바로 도크다. 선박 탄생의 자궁인 도크에서 선박조립이 완료되면 바닷물로 띄워 도크 밖으로 끌어낸다. 그 다음 안벽에서 의장 작업을 마무리하고 시운전을 하게 된다. 선박 조립 과정에서 3천 톤 해상 크레인을 활용해 블록을 3천여 톤 규모로 대형화해 11개의 대형 블록으로 조립함으로써 도크 회전율을 높이는 게 핵심이었다.

생산부서와 여러 차례 합동회의를 했다. 하나하나 구체화하면서 문제점을 도출하고 해결해야 할 과제를 찾았다. 대형 블록의 제작장 확보, 대형 블록 조립 때 정도 확보, 도크 기간 단축에 따른 안벽 확보, 플로팅 도크 확보, 플로팅 도크 내에서의 신조선박 건조기술 확보, 3천 톤이나 되는 대형 블록의 이동, 영업에서의 사전 물량 확보 등 해결해야 할 과제 등 한두 가지가 아니었다. 그야말로 조선소 전체가 일사분란하게 움직여야 하는 과제였다. 설계, 생산, 영업 등 모든 관련 부문에서 과제별로 검토 시켜보니 어렵지만 할 수 있다고 했다.

계획대로 추진된다면 생산량은 두 배에 가까운 40%가 증대될 수 있었다. 전사적 공감대 형성을 위해 아이디어 공모를 하고 일등 상금을 파격적으로 걸었다. 혁신팀과 설계팀, 생산부와 TF팀을 구성해 세부검토를 했다. 마침내 세부계획이 완성됐다.

조선소의 물류 흐름, 건조 방식 등이 근본부터 바뀌어야 하는 엄청난 변화가 요구된다. 8천억여 원의 투자도 필요했다. 플로팅 도크에서의 선박 건조는 세계 최초다. 신조선박 건조가 가능하다는 결론이 나왔으나 플로팅 도크를 만들어 줄 조선소가 한국에는 없었다. 결국 중국에 발주키로 하고 중장기 비전을 새로 수립해 사장께 보고했다. 일등조선소 만들기 프로젝트에 시동을 걸게 된 것이다.

중장기 계획과 더불어 새로운 비전을 수립하던 중 그룹이 경영 진단을 했다. 그룹의 경영 진단은 통상 두 가지로 진행이 된다. 한 가지는 현재 경영을 잘하고 중장기 계획이 제대로 수립돼 추진되고 있는지를 점검하는 경영 진단과 부정이 있는지를 감사하는 부정 감사가 그것이었다.

당시 그룹비서실 경영진단팀장은 박근희 부회장(당시 부사장)으로 ROTC 14기 선배였다. 대화 중에 특정인을 지칭하거나 상대방의 인격을 모독하고 공격하는 것이 아닌 감탄사 유형의 욕을 자주 섞어 얘기하기로 유명했다. 아무도 기분 나쁘게 생각하지 않았고 오히려 그 때문에 더 친밀감을 가지게도 했다. 그러나 이 분 역시 업무에서는 원칙을 철저하게 지키는 분이었다. 내가 비서실 운영3팀 근무 때 운영2팀에서 전자를 담당했으며 후배들이 많이 따르는 선배였다.

중공업 경영 현황을 보고하는데 중장기 계획이 제대로 수립되지 않은 회사가 있다면서 중장기 계획을 보고하라고 했다. 나는 미리 준비한 '일등 조선소 만들기' 계획을 포함해 중장기 비전을 보고했다. 전자산업을 생각해서인지 세계 1등이라는 용어가 잘 이해되지 않는 듯하였으나 설명을 듣고 수긍했다.

그후 1개월 정도 경영 진단이 진행됐다. 진단팀 차원에서 계획의 실현성, 방향성 등 많은 검토를 하는 것 같았다. 경영 진단이 끝나고 결국 일등 조선소 만들기가 경영개선 대책으로 반영돼 이건희 회장께 보고됐다. 이건희 회장 보고서에 경영 진단 대책으로 보고됐다는 것은 실무적으로 대규모 투자는 재무팀에 승인을 받아야 하지만 사실상 투자 승인을 받은 거나 마찬가지이므로 그룹의 투자 승인을 준비하던 내게는 여간 반가운 소식이 아니었다. 사장은 투자에 대한 걱정은 하지 말라고 했지만, 그룹으로부터 1조에 가까운 투자 승인을 받아낸다는 것은 보통 일이 아니었다.

□ 고지를 향해 닻을 올리고

마침내 그룹의 투자 승인과 함께 '일등 조선소 만들기' 운동이 본격화됐다. 세부 계획 보완과 더불어 플로팅 도크를 중국에 발주하고 인근 섬에 대형 블록을 만들 수 있는 공장을 유치했다. 플로팅 도크에서 건조기술 검토 등 지금까지의 조선소 운영과는 기본개념이 바뀌는 획기적 구조의 변화가 시작됐다.

1등 조선소 선포식에 대비해 슬로건과 현장에 게시할 플래카드를 준비하는데 김징완 사장이 불렀다. 세계 1등 조선소답게 초대형 플래카드를 공장건물에 설치하되 바로 전날 현장 직원들이 퇴근 후에 하라는 지시였다. 현장 직원들이 미리 보고 퇴근하면 극적인 효과가 떨어지므로 다음날 출근 때 볼 수 있도록 하라는 것이었다. 김 사장이 미세한 부분까지도 신경 쓰는 세심함에 다시 놀라지 않을 수 없었다.

선포식 전날 모든 준비를 하고 현장 직원들이 퇴근 후 새벽까지 작업했다. 대형 구조물을 30m 이상의 높은 위치에 설치해야 하므로 안전사고에 대비해 철저히 검토하고 만약의 경우를 염두에 두면서 소방차, 고

가사다리 등 안전 대비 작업을 밤새도록 했다.

　직원들이 출근했을 때의 반응은 김지완 사장이 예측한 그대로였다. 대형 플래카드는 상상했던 것보다 공장건물에 잘 어울렸고, 직원들이 출근하면서 밤새 변한 조선소의 모습에 눈이 휘둥그레졌다. 퇴근할 때 없었던 것이 밤새 생겨났으니 놀랄 만도 했다. 오히려 김 사장이 생각했던 것보다 직원들의 반응은 더욱 좋았다. 현장에서 밤새 어떻게 저렇게 바뀌었느냐며 묻는 전화가 많이 왔다. 힘은 들었어도 뿌듯했다.

　그 이후 조선소 전체가 각기 맡은 역할에 분주했다. 매주 조선소 소장 주재로 점검 회의가 열렸다. 나는 부지런히 현장을 순찰했다. 50cc 오토바이로 구석구석 다니며 현장을 확인하고 애로사항에 대해서는 지원했다.

　수천억 원을 들여 투자하고 설비가 완성된 후에 수주하게 되면 설계 기간 등으로 도크는 최소 1년 정도의 공백이 생기기 때문에 영업에서는 설비완공과 더불어 바로 건조할 수 있는 물량을 수주해야 했고, 만약에 설비가 지연되면 엄청난 페널티가 발생하기 때문에 선박 수주를 받으면 바로 건조할 수 있도록 한 치의 오차도 없이 설비를 완비해야 했다. 중국의 플로팅 도크, 인근의 대형 블록 제작 협력업체 확보, 직원 모집과 교육, 식당 증설과 호텔 건설 등 동시다발적으로 모든 것이 진행됐고 차질이 생기면 경영에 막대한 지장을 줄 수 있어 날마다 현황을 파악해야 했다.

　돌발 상황도 생겼다. 100만 평의 사업장에서 흩어져 작업하다가 식사 시간이 되면 이동 시간이 많이 소요될 뿐 아니라 대기 시간도 길어질 수밖에 없었다. 이 때문에 조금 일찍 와서 식사하려고 작업장을 미리 이탈하는 작업자들도 늘어났다. 현장에 정식 식당 건물이 완공될 때까지 100명 이상이 식사할 수 있도록 만든 대형 텐트 식당이었다. 컨테이너를 활용한 현장 식당도 설치하고 중앙식당에서 조리 후 현장 식당으로 배달해 작업장 가까이서 식사 할 수 있게 했다.

　세 개의 도크에서 3천 톤 블록이 조립되자 도크 회전율이 높아져 안벽이 모자라게 됐다. 안벽은 공기가 길뿐만 아니라 1미터 안벽 설치에도 1억여 원이 소요돼 막대한 투자가 필요했다. 며칠을 고민하고 직원들과 토의해 봐도 별다른 대책을 찾지 못했다.　그러던 중 문득 삼성물산 건설 현장이 생각났다. 당시에 삼성물산 건설부문에서 부산과 거제를 잇는 거가대교 침매터널 건설에 필요한 대형 케이싱을 조선소 부지 일부를 빌려서 제작하고 있었다.

　삼성물산 건설 케이싱 제작장으로 서둘러 갔다. 안벽을 만드는데 대형 케이싱을 만들어 적용하면 공기도 단축되고 여러 가지 이점이 있을 듯해서였다. 현장에 가서 대형 케이싱을 보니 충분히 가능할 것 같았다.

　혁신팀을 소집해 내 생각을 얘기하고 검토시켰다. 며칠 뒤 가능하다는 결과가 나왔다. 상당한 비용을 절감하게 됐다. 무엇보다 공기 단축을 통해 적기에 안벽에서의 과부하를 해소할 수 있는 이점을 가져올 수 있었다.

　일일이 열거할 수 없는 여러 가지 일들이 동시에 추진됐고 하나하나의 과제들이 각 책임 임원 단위에서 차질없이 추진되는 걸 보고 새삼 삼성의 저력을 느낄 수 있었다.

□ 선주를 위한 호텔 건립

　현장은 일사천리로 일이 진행되었지만 선주 숙소를 겸하는 호텔 건립은 공장 설비와는 개념이 달라 많은 검토가 필요했다. 지금의 거제시 장평3로의 삼성거제호텔이다. 언젠가 프랑스 출장 때 머물던 고색 창연한 분위기가 인상적이었던 낭뜨호텔을 연상하면서 신라호텔의 자문을 받아 건립 계획을 세웠다. 호텔로서 향후 경제성 확보를 위해서는 최소 2백 실 규모의 호텔을 건립하고, 바다와 조선소에 어울리는 컨셉으로 외관을 설계했으나 예측할 수 없는 조선 불황에 대비해 비서실 재무팀의 반대로 결국은 1백실 규모에 기초는 2백 실로 하고, 외관도 당초 모양에서 비용을 줄이는 방향으로 설계를 변경했다.

호텔 기초 작업이 어느 정도 진행되고 벽면 대리석을 비롯해 변기 등 마감재를 결정해야 할 단계가 됐다. 대리석 등 마감재는 가격이 천차만별이었다. 실제 마감자재를 보니 품질의 차이가 확연해 저급 자재를 쓸 수 없었다.

마무리 자재에 대한 의사 결정을 할 무렵 비서실의 김인주 사장이 조선소를 방문했다. 조선소의 변화된 모습을 김 사장이 한눈에 볼 수 있도록 부산서 헬기로 이동 때 조선소 상공을 몇 차례 선회하도록 조치했다. 예상대로 김 사장은 조선소의 바뀐 모습과 LNG선 자동용접 등 전체 사업장 규모와 기술의 변화에 흐뭇해했다.

조선소 순시를 마치고 승용차로 헬기장 이동 때 나는 김 사장께 호텔 건을 보고했다. 호텔 마무리 작업에 들어갈 자재 가격 차이가 계획보다 많이 나고 싼 자재를 쓰려니 품질 차이가 많아 도저히 쓸 수 없다고 보고했다. 김 사장은 백년대계를 위한 호텔이라며 제대로 건설하라고 했다. 예산은 초과했으나 제대로 마감재를 쓸 수 있었다.

일등 조선소를 만들라는 명을 받고 프로젝트팀을 꾸려 진행하면서도 처음에는 과연 계획대로 될까 하는 의구심도 들었다. 그러나 하나하나 헤쳐가다 보니 자신감이 생겼다. 중장기 계획의 중요성과 구조혁신에 대해 깊이 인식하게도 됐다. 사실 그때 조선소는 과거의 설비와 방식으로는 영원히 국내에서 3등을 할 수밖에 없는 입장이었다. 400톤 무게의 블록을 3000톤으로 만든다는 생각, 이러한 블록의 이동을 저해하는 레이아웃 정리, 그렇게 하기 위해 규모에 맞지 않는 일부 공장 철거 등은 과거에 생각하지 못했던 발상의 전환이라는 생각이 들었다. 근본적인 구조개선 없이 일부 보완투자로는 국내 대표 조선 3사에서 영원한 꼴찌를 면할 수 없었다고 생각한다. 나는 일등 조선소 만들기 프로젝트를 성사시키면서 또 다른 안목을 키우게 됐다.

5. 업(業)의 특성에 맞게 경영하라

□ 업의 특성에 맞게 경영하라

2005년 1월, 갑작스레 삼성엔지니어링 경영지원실장으로 발령이 났다. 그것도 이틀 뒤에 부임하라는 것이었다. 2000년에 신임 임원에 위촉된 지 5년 만이었다. 거제조선소에서의 업적을 인정받은 것이다.

경영지원실장은 내부적으로는 기획, 재무, 인사 등 내부 살림살이에 관한 모든 권한을 가지고 있다. 두세 명밖에 없는 등기임원도 당연히 돼야 했다. 말하자면 경영지원실장의 주 역할인 재무적 책임, 회사 전략에 대한 책임과 권한을 가지고 있다. 사내 등기이사는 법적으로 경영에 대한 책임을 져야 한다. 상법이 정하는 대로 주주총회에서 선출되고 회사 등기에 기재된다. 또한 사내 이사로 표기되고 주주의 권한인 경영 참여와 경영 감시 등에 대한 책임을 져야 한다.

만일 업무 담당 임원의 업무집행이 위법이라고 의심되는 사유가 있음에도 등기임원이 감시 의무를 소홀히 해 회사가 손해를 입는 경우 배상 책임까지 있다. 이 때문에 전반적인 회사업무 집행에 대해 감시해야 한다. 특히 삼성의 경영지원실장은 재무뿐 아니라 기획, 인사, 경영관리 등 경영전략과 경영관리에 관한 업무도 관장한다. 회사 전체 업무를 책임져야 하므로 의무와 권한이 막중할 수밖에 없는 위치다.

중공업에서의 경영기획 총괄업무는 인사, 노사문제 등의 업무 협조를 하는 위치이고, 직접 업무를 관장하는 부사장이 있을 정도로 구분돼 있다. 하지만 그룹에서 인정하는 경영지원실장은 인사를 비롯해 모든 지원 업무를 직접 관장하는 자리다. 더구나 상무 위치에서 경영지원실장을 맡기란 무거운 직책이다.

엔지니어링 경영지원실장 발표가 난 날 저녁 송별회가 열렸다. 임원 송별회, 관장하던 부서들 송별회, 미식축구팀 송별회를 같이했다. 가까운 곳에서 세 송별회가 열려 자리를 분주하게 옮겨 다녀야 했다.

다음날, 엔지니어링 정연주 사장께 인사하러 갔다. 임원 회의를 소집해 나를 인사 시켰다. 나는 경영지원실장으로서 현업이 성과를 낼 수 있도록 지원을 잘하겠다고 했다. 정 사장이 지원이라는 단어를 강조하면서 기대한다고 얘기를 하는 것으로 보아 경영지원실과 현업 부서 간의 갈등이 조금 있지 않았을까 하는 느낌도 들었다.

비서실 담당 팀장들에게도 인사를 다녔다. 비서실 담당 부장의 해명에 따르면 해외 수주에 공사 수행에 문제가 생겨 엔지니어링 조직을 축소했다는 것이다. 그러면서 회사의 안정화를 기대한다고 했다.

비서실에서 회사로 돌아오면서 회사를 어떻게 이끌어갈 것인가에 대해 곰곰이 생각했다. 평소에 이건희 회장이 '업의 특성에 맞는 경영을 하라'고 강조한 말이 생각났다. 나는 일등 조선소 만들기 프로젝트를 거의 완성한 단계에 엔지니어링으로 왔기 때문에 회장님의 말을 충분히 이해할 수 있었다.

핵심 임원들을 소집했다. 중장기 비전을 설정하고 사업의 개념을 재정립하기 위해 각 분야에서 준비할 일과 팀을 구성하라고 지시했다. 일등 조선소 만들기 과정에서 비전의 중요성을 절감했기 때문이다.

5개월 정도 뒤에 업의 특성에 맞는 경영을 하기 위해 중장기 비전을 재정립할 수 있었다. 엔지니어링 사업의 특징은 설계, 사업관리 등 핵심 기술 인력만 보유하고 자재와 공사 등은 아웃소싱을 했다. 발주처의 사업 성패가 달린 생산시설을 건설해야 하므로 실적을 통한 기술적 신뢰가 필요했다. 글로벌 시장의 경쟁력을 높이기 위해 자재 공급선과 공사 업체 등을 우수한 업체와 아웃소싱을 해야 한다.

당시 엔지니어링 매출은 연간 1조 원이었다. 매출 1조로는 공기가 3년 걸리고 규모가 5천억 원에 달하는 대형 플랜트를 한 해에 한 건도 수주할 수 없는 상황이었다. 매출 규모가 10~20조에 달하는 글로벌 기업들과 국제 입찰에서 수주 경쟁을 하기 위해서는 우수한 자재 공급선, 그리고 공사업체와 서로 상생할 수 있는 사업 역량 확대가 시급했다.

비서실 담당에게 중장기 비전과 앞으로 회사 경영 방향에 대해 보고하러 가겠다고 했다. 서류를 설명하기 전에 김종중 사장(당시 전무)께 여쭈었다. 내가 엔지니어링 경영지원실장으로 발령받을 때, 회사를 안정적으로 운영해 달라고 했는데 지금도 똑같은 생각이냐고 물었다.

지금도 그렇다면 나는 설명할 게 없다고 했다. 왜냐하면 내가 보고할 자료의 첫 번째 내용이 화공사업 재편이었기 때문이다. 앞으로 엔지니어링 사업의 특성과 시황에 따라 사업을 확대할 수 있도록 기술 인력을 충원하겠다는 내용이었다. 적어도 글로벌 순위 5위 안에는 들어가야 사업한다고 할 수 있었고, 그렇게 되려면 적어도 매출이 10조 원은 되야 했다.

김 사장은 그렇게 얘기한 적 없으니 보고해 보라고 했다. 나는 엔지니어링 사업의 특성과 글로벌 기업의 규모와 경쟁력, 유가 동향 등을 보고하고 화공 인력을 확충할 것을 건의했다. 김 사장은 먼저 인력 확충에 대해 승인했다.

엔지니어링에서 자신 있게 첫발을 내디딜 수 있었던 것은 중공업에서 일등 조선소 만들기의 추진과 이건희 회장의 업의 개념을 먼저 파악하라는 말씀이 더해졌기 때문이었다.

☐ 일류로 이끄는 리더십

새로운 비전과 사업 개념을 정립하면서 경영지원실장으로서 해야 할 일은 회사의 사업수행 역량 확대였다. 물론 기술적 사항은 현업에서 하지만 그 일을 할 수 있도록 그룹의 승인이나 예산, 인력 지원, 시스템 정비 등은 내가 할 일이었다.

당시 엔지니어링은 매출 1조 원에 종업원 1,700여 명이 종사하는 회사였다. 비서실에서는 제발 사고 내치지 말고 설계 위주의 회사로 끌고 가라는 암묵적 지시가 느껴졌다. 하지만 중공업에서 1등 조선소 만들기 운동을 추진하기 전의 나였으면 아마 그렇게 했을지도 모른다. 1등 조선소를 만들기 위한 혁신 운동과 메가블럭 공법을 이용해 생산 능력 40% 증대의 혁신을 주도한 이후 나는 많이 달라졌다. 그 과정에서 가장 많은 가르침을 주신 분 역시 김징완 부회장이었다.

김징완 부회장은 사학과를 나와서 경영을 시작한 이력을 가지고 있다. 본인 자신도 원가와 관리회계 박사라 할 정도로 사원 시절에 공부를 많이 했다고 한다. 현장 중심으로 큰 틀을 탁월하게 읽어냈다. 의사 결정이 되면 밀어붙이는 데는 당할 사람이 없었다.

김 부회장과 함께 근무하면서 내 성격도 많이 바뀌었다. 그중 하나가 긍정적 사고였다. 경영관리 출신들은 대개 보수적이다. 새로운 사업을 추진할 때도 반드시 효율을 따지고 부정적인 면을 생각한다. 김 부회장은 의사 결정은 자신이 할 테니 어떻게 하면 일을 추진할 수 있는지만 얘기하라고 했다. 아마 부정적인 얘기를 하는 내가 마음에 들지 않았던 모양이다. 나는 그 말의 의미를 되짚어 생각해 보았다. 게다가 1등 조선소 만들기 프로젝트를 주도하는 과정에서 생각이 많이 바뀌기도 했다.

엔지니어링 경영지원실장으로 부임하자마자 중장기 비전을 새로 설정하고 사업의 개념을 재정립하는 데 힘을 쏟았다. 사업의 특성을 파악한 결과 설계, 조달, 시공 등을 해야 하는 엔지니어링회사는 적어도 세계에서 5위 안에는 들어야 한다는 각오로 회사를 키우는데 전력투구하겠다는 생각도 굳혔다.

이런 생각들을 하게 한 분은 정연주 사장이었다. 정 사장은 삼성건설의 경리 출신으로 경영관리 서적들을 많이 읽어 사업의 흐름을 읽어내는 능력이 탁월했다. 그런 상황이 아니었다면 아무리 경영지원실장의 위치라 하더라도 강하게 밀고 나갈 수 없었을 것이다.

사업의 특성과 성장에 대해 정 사장도 나와 같은 생각을 하는 것 같았다. 그러나 아무도 실무적으로 구체화하지는 못했다. 나는 사업의 확장을 위해 많은 설비투자가 필요한 조선업을 경험했기 때문에 앞으로도 지속 가능하고, 글로벌 기업이 될 수 있는 여건을 내다볼 수 있어 자신 있게 추진하게 됐다.

비서실에 1차 보고를 하고 설계 기술 인력 확대를 승인받아 곧바로 인력 채용 작업을 착수했다. 하지만 또 하나의 문제는 2천억 원 이상의 예산이 소요되는 대형 공사는 수주 때 감사팀의 승인을 받게 돼 있다는 점이었다. 그 당시에는 제대로 된 단위공장 한 곳도 5천만 달러(5천억 원) 이상의 규모여서 감사팀에 일일이 승인받아야 했다. 이 때문에 적기에 역량을 집중해 수주 활동을 할 수 없었다.

그 당시 사우디에서는 과거에 수주했던 대형 공사들이 공기를 단축하면서 성공적으로 완공이 되고 있었다. 비서실의 감사팀과 경영관리팀을 오가며 그동안의 수주 활동에 제약을 받던 조건들을 풀어달라고 거듭 설득했다. 6개월 정도에 걸쳐 이 조건들이 해결이 돼 수주 활동에 전념할 수 있는 기반을 조성했다.

연이은 공사 완공 소식과 수주 소식은 삼성엔지니어링 주식이 기관 투자자들로부터 각광을 받기 시작했다. 내가 부임했을 때 액면가에도 못 미치는 4천여 원이었는데 20만 원을 넘기기도 했다. 특히 외국 투자자들의 관심이 높아 해마다 해외에 기업 설명회를 다녀야 했다.

엔지니어링에서도 중공업 때처럼 경영현황 설명을 꾸준히 했다. 엔지니어링은 기술 인력이 많아 회사 전체 현황이나 목표보다는 본인이 소속된 프로젝트만 우선으로 생각하기 쉽다. 나는 회사 전체를 생각하는 의식 개선과 회사나 그룹의 경영방침을 알려 주는 경영현황 설명회를 CATV를 통해 계속했다. 경영전략회의 등 주요 경영 회의도 편집해 알렸다.

정연주 사장은 한발 더 나아갔다. 전략회의와 중요한 경영 회의는 직원들에게 실시간 방송을 하라고 지시했다. 엔지니어링은 현장에서 프로젝트 매니저나 소장들이 책임을 지고 사업을 해야 하므로 그들의 경험과 리더십을 바탕으로 본사의 방침, 목표, 전략을 공유해 일사분란하게 움직이는 시스템이 바람직했다.

□ 이재용 부회장과의 만남

엔지니어링 부임한 지 1년 정도 지나서였다. 이재용 부회장(당시 전무)은 후원사업 가운데 하나로 부산의 고아원 출신 고등학교 오케스트라 공연을 지원했다. 그해도 서울에서 이 오케스트라 공연이 있었는데 나도 초청됐다.

공연장 좌석 간격은 의외로 좁았다. 공연장 바로 옆 좌석에 이재용 부회장이 앉아 있었다. 공연이 시작돼 내가 먼저 말을 건넬 분위기가 아니어서 공연만 감상하는데 이 부회장이 간간이 질문했다. 대우조선 인수에 대한 효과가 있는지 확인하는 질문이었다.

중공업을 떠나 엔지니어링으로 온지 시간이 흘렀지만 조선업에 대해 객관적으로 말할 수 있다고 여겨서였을 것이다. 설계나 선형 개발 등의 업무에서 시너지 효과는 크지만 사업의 하드적 측면이 너무 커지는 것에 대해 나는 반대했다. 세계적인 조선 공급능력 측면의 투자 과잉으로 우리나라에서 일반 선박을 건조하기에는 인건비, 환율, 노사 등에 구조적인 문제를 안고 있다는 입장 때문이었다.

이재용 부회장이 조선소를 방문한 기사도 읽었고 대우조선 인수에 삼성이 관심을 가진다는 기사도가 여러 번 본 적이 있다. 비서실과 사장단을 통해 여러 가지로 확인을 했겠지만 내게도 확인하려 하니 역시 오너는 생각이 깊다는 생각이 들었다.

공연이 끝나고 신라호텔로 자리를 옮겨 참석한 사람들과 교류하는 시간도 있었다. 호텔에서 우리는 이 부회장이 가장 상석에 앉길 바랐으나 사양하며 다른 자리에 앉았다. 더이상 회사와 관련된 질문은 하지 않았으며 와인과 맥주를 마셨다.

삼성은 해마다 3년차 신입사원들이 주축이 돼 무주 구천동에 모여 단합된 힘을 과시하는 행사를 가졌다. 그때도 이 부회장은 마지막 회식 때 꼭 참석해 회사별 참가자들을 두루 만나면서 폭탄주를 권하고 젊은 사원들의 기분을 살려주곤 했다. 나는 그때의 이 부회장을 생각하고 오늘도 폭탄주 한 잔씩 하겠구나 하는 생각을 했지만 와인과 맥주를 마시며 대화하는 화기애애한 분위기였다. 이 부회장의 소탈한 성격과 경영에 대한 안목을 엿볼 수 있는 시간이기도 했다.

일본계 증권사 애널리스트와 안양 골프장에서 라운딩을 한 적이 있다. 그는 가끔 엔지니어링에 관한 보고서를 쓰는 영향력 있는 애널리스트였다. 골프를 즐긴 후 저녁식사를 할 겸 조금 느슨한 시간을 잡았다. 클럽 하우스에서 옷을 갈아입고 나오다가 입구에서 이재용 부회장과 마주쳤다. 그 애널리스트도 이 부회장에게 인사를 했다. 서로 잘 아는 사이인 것 같았다.

맥주를 마시려 하는데 골프장의 매니저가 와인 한 병을 가져왔다. 이 부회장이 주라고 했다는 것이었다. 생각지도 않은 선물에 애널리스트와 함께 감사하는 마음으로 마셨다.

다음날, 이 부회장께 어떻게 고맙다고 해야 하나 고민하다가 그룹시스템 메일을 열어 보았다. 이 부회장의 메일이 와 있었는데, 어제 에널리스트와 어떤 대화를 나누었는지 묻는 내용이었다. 아차 싶었다. 이 부회장의 질문을 예상했더라면 애널리스트에게 그룹 전반에 대한 설명을 들어보았을 텐데 미처 그 생각을 하지 못해 우리 회사와 관련된 얘기만 나누다가 헤어졌기 때문이다. 하는 수 없이 이 부회장께 있었던 대로 간략하게 답신을 보냈다.

얼마 후 이 부회장이 엔지니어링에 방문할 계획이 있다고 했다. 회사 현황을 보고해야 하므로 그 기회에 엔지니어링 사업의 특성과 확장성을 보고하기로 마음먹었다.

사내에는 설계, 사업 관리, 기자재 구매, 공사 관리를 경쟁력 있게 할 수 있는 핵심기술 인력만 보유하고 있다. 기자재와 현장 공사 수행 작업자 등은 아웃소싱을 함으로써 중공업 등 제조업과 달리 생산설비에 대한 투자부담이 없고 노사문제 발생 소지도 적다. 이 사실과 함께 발주처의 사업 성패를 좌우하는 수천억 원 소요의 생산시설 건설에 따르는 기술적 신뢰의 중요성, 글로벌 시장에서의 경쟁력 확보를 위한 우수 자재 공급선, 공사업체 확보를 위한 적정 사업 규모 등에 대해서도 상세히 보고했다.

미국이 아직도 엔지니어링 사업으로 전 세계를 제패하고 있는 이유와 사업구조의 고도화 측면에서도 심도 있는 설명을 했다. 기술과 기술인력 투자만으로 사업 확장과 사업구조 고도화가 가능해 사업 확장에 따른 리스크가 적다는 점도 조선업과 비교해 보고했다.

결론적으로 엔지니어링이 삼성물산 건설 부문 중공업과 연계하면 사업구조를 더 고도화시킬 수 있는 업종이라는 점과 회사가 경쟁력 있는 아웃소싱을 하기 위해서는 향후 적어도 글로벌 톱 5위 수준인 10조원 정도의 매출을 할 수 있는 사업 역량을 갖추어야 한다고 보고했다. 중공업 근무 경험으로 바탕으로 여러 가지 측면에서 중공업과 비교하면서 설명할 수 있었다. 또한 엔지니어링 업종은 기술과 경험이 축적되면 그것만으로도 사업구조 고도화가 가능한 장점이 있다고 덧붙여 보고했다. 예를 들면, 사업주가 사우디에 화공사업 단지를 건설하려고 하면 생산제품이 다른 여러 종류의 단위공장을 건설해야 한다. 그 때문에 사업주가 사업 타당성을 검토할 수 없다. 여러 종류의 사업을 수행한 경험이 있는 소수의 글로벌 일류 업체들만 사업 타당성 검토 입찰에 참여하게 된다.

이 사업 타당성을 검토할 수 있는 업체는 전 세계에서 몇 개밖에 없다. 컴플렉스 내의 단위공장이나 전체 프로세스에 대해 건설 경험이 있고 세부 내용을 알고 있어야 하기 때문이다.

전 세계에서 몇 안 되는 회사들이 FS 단계에서 사업 참여가 가능하고, 사업주가 사업을 추진하기로 결정을 하면 전 세계 업체들을 상대로 발주를 하게 된다. 단위 공장별로 발주해 입찰 회사들이 정해지면 사업주를 대신해 공사 관리를 하게 된다. 단위 공장당 가격이 수천억 원이다. 과거의 경험과 기술 인력만 있으면 새로운 투자 없이도 사업 전체를 관장하는 고도의 기술집약 산업이 되기 때문이다. 게다가 과거 기술을 단절하지 않고 핵심기술과 각종 엔지니어링 기술이 조화를 이루고 시너지 효과를 낼 수 있어야 하기 때문에 새로운 경쟁자의 진입 장벽이 높은 장점도 있다.

역시 이 부회장은 그룹의 경영을 맡고 있고 전자 분야의 사업을 오랫동안 관리한 탓인지 이해가 빨랐다. 엔지니어링 업종이 가지는 장점을 충분하게 이해하는 것 같았다.

☐ 열정, 도전, 근성

2010년에 나는 업적을 인정받아 엔지니어링 부사장으로 승진했다. 입사 면접 때 삼성에서 사장이 되겠다는 꿈에 한 발짝 다가서는 자리였다. 그 당시 정연주 사장은 삼성물산 사장으로 영전되고 화공영업을 맡았던 박기석 부사장이 사장으로 승진해 부임했다.

세계적 엔지니어링 회사 가운데 3위까지의 회사들은 매출 규모가 20조가 넘었으며 화공과 비화공 매출 비율이 5대 5 정도였다. 삼성엔지니어링이 화공분야만으로 회사를 성장시키기에는 한계가 있는 상황이었다. 비화공 분야는 발전소, 수처리, 철강, 반도체공장 건설 분야가 주류였다.

그룹과 상의해 비화공 분야 사업부를 출발시키기로 했다. 비화공 분야인 I&I 사업부가 탄생이 되고, 나는 I&I 사업부를 맡았다. 열악한 환경에서 유경험 기술 인력을 확보하는 것이 최우선 과제였다. 삼성엔지니어링이 하지 않던 부분이라서 공통된 기본 기술은 삼성의 인력을 활용할 수 있었지만, 각 제품의 특성화된 기술 인력은 스카웃할 수밖에 없었다. 지금까지 하지 않던 영역이라 기술 역량 확보와 사업주를 설득하는 문제가 시급했다.

나는 1년의 절반을 해외에서 사업주를 만나겠다고 다짐했다. 틈만 나면 고객들을 만나러 해외로 갔다. 특히 사우디 시장은 화공 시장에서의 인지도가 높았기 때문에 사업주들을 설득하기 쉬웠다. 발전 사업의 경우 대규모 화학공업 단지는 자체에서 전기를 공급해야 하기 때문에 사우디 시장에서는 이미 삼성엔지니어링을 알고 있는 경우가 많았다.

당시는 원자력발전소를 검토하던 전기 사업자들이 일본 후쿠시마 원전 사고로 신규 발전소 건설 검토를 중단하고 추이를 보는 추세였다. 세계의 전기 판매 회사 중에서 우리나라의 경우는 한전이 맡고 있었다. 국영기업이기 때문에 정부에서 운영한다고 할 수 있다. 하지만 일본, 미국과 유럽은 여러 가지 형태의 회사가 전기를 공급하고 있고 대다수가 민간기업들이다.

그런 회사들이 가격이 가장 저렴한 원자력 사업을 계획하고 있었으나 일본 원전 사고로 계획 추진이 중단되는 경우가 많았다. 그러던 중 전력 소요량 증가에 대비해 비교적 단기간에 발전소를 건설해야 하는 경우가 생겼다. 이때 친환경적이고 가격도 비교적 저렴하고 건설 공기가 짧은 가스복합화력발전소를 짓는 경우가 많았다.

나는 사우디 시장을 공략하기 위해 전문가들을 사우디에 파견했다. 사우디어에 능한 사우디 사장은 이슬람교 신자라서 많은 정보를 얻고, 그곳 고위 관료들을 만날 수 있었다. 그 무렵 사우디 전력청 장관이 우리나라를 방문했다. 사우디에 최대 담수화 설비를 하려고 업체들의 능력을 파악하기 위해서였다. 나도 입찰에 참여하려고 오래전부터 준비했고, 일본과도 기술협력을 했다.

사우디 전력청 장관은 나이는 많았으나 얼리 어답터(early adopter)라고 했다. 사우디 현장에서는 장관이 전자제품 얼리 어답터이니 삼성전자와 연계해 보라는 것이었다. 다른 회사보다는 삼성에 방문 시간이 길었다. 소요 시간은 3시간 정도였다. 용인 자연농원의 호암미술관과 삼성전자박물관을 관람한 후 강남 삼성본관에서 만찬을 하는 것으로 계획했으나 시간적 여유가 없어 헬기를 동원했다.

중공업에 근무할 때 부산에서 거제까지 헬기를 운행한 적이 있어 헬기 활용을 생각하게 된 것이다. 헬기 운용을 삼성테크윈과 협의한 결과 일몰 전까지 김포공항으로 돌아갈 수 있으면 된다고 했다. 빠듯한 시간이지만 가능했다.

잠실 헬기장에 헬기 2대를 동원했다. 다른 회사와 차별화하기 위해서도 헬기가 필요했다. 다른 회사는 대개 육로로 이동하므로 헬기 활용의 효과는 클 수 있기 때문이었다. 사우디 장관 일행은 헬기 2대가 동원되는 데 대해 감탄했다. 짧은 시간이었지만 호암미술관과 삼성전자박물관을 관람하면서 장관 옆에서 주의 깊게 지켜보았다. 장관이 벽걸이 TV 앞에서는 여러 가지 질문을 했다.

만찬이 끝나고 선물을 교환할 때였다. 그때는 마침 삼성전자에서 갤럭시탭을 개발해 해외 시제품이 나올 때였다. 해외 시제품을 겨우 구해 장관에게 선물했다. 장관은 깜짝 놀라는 눈치였다. 전 세계에서 몇 번째로 갤럭시탭을 사용하게 된 만족감이 큰 것 같았다.

전자에 부탁해 사우디에 벽걸이 TV 소비자 만족도 조사용 한 대를 요청했다. 소비자가 공짜로 TV를 사용하면서 제품의 결함이나 성능에 대해 회사에 피드백해 주는 제도를 활용했던 것이다. 사우디 전력청 직원에게 소비자 만족도 조사용 벽걸이 TV를 보낼 테니 직원이 주소를 물으면 가르쳐 주라고 했다. 혹시 다른 뜻으로 해석할지 몰라 무료로 만족도 조사를 하는 시스템이 있다고 설명해 주었다. 통상적으로 고위층 인사들은 절대로 자기 집 주소를 노출하지 않기 때문이었다. 이러한 연유로 나는 사우디 전력청 장관과는 가까운 사이가 되었다.

얼마 지나지 않아 세계 최대의 담수화 설비 입찰이 있었고 우리가 로이스트가 됐다. 담수화 설비 속에는 아주 가는 파이프가 지나가고 미세관의 소재가 구리로 되어 있어 원가에 차지하는 비중이 높았다. 그러나 우리는 신소재인 티타늄으로 대체해 입찰했기 때문에 원가 경쟁력이 있었다. 하지만 기술 심사 때 난관에 부딪혔다. 티타늄으로 30년 이상 사용한 실적을 제시하라는 것이었다. 티타늄이 개발된 지 30년이 안 되니 실적이 있을 리 없었다. 물론 억지였다.

당시 중동의 담수화 설비는 대부분 국내 경쟁사가 수주했고 구리를 소재로 한 미세 파이프를 사용했다. 하지만 구리는 워낙 고가라 우리는 일본과 협력해 신소재인 티타늄으로 대체했다. 그때 국내 경쟁사가 오래전부터 두바이에 기술연구소를 운영하고 있었는데 기술연구보다는 현지인들을 채용해 정보파악과 인맥을 쌓는 역할도 한다고 들었다.

실무기술자들이 우기니 장관도 어쩔 수 없는 상황이었다. 우리는 다시 구리로 재질을 바꾸어 검토했으나 적자였다. 당시 파이프 두께는

1mm였다. 일본에서 0.6mm두께로 구리 파이프를 생산할 수 있다고 했지만 수주를 포기했다. 설령 0.6mm 파이프로 수주한다고 치더라도 30년간 운영에 따른 하자 보수를 해야 하기 때문에 파이프에 미세 균열이 발생하면 하자 보수에 대한 비용 부담이 커 수주할 수 없었다.

그 과정에서 사우디 전력청 장관과 중동지역 전기사업자들이 원자력에 관심이 많다는 걸 알 수 있었다. 장관에게 복합화력발전소 건설 계획이 있는지 물어보았을 때, 삼성은 왜 원자력발전소를 건설하지 않느냐고 되레 질문했다. 나는 사우디는 왜 기름과 가스가 많은데 원자력발전소에 관심이 있느냐고 물었다. 기름과 가스는 비싸게 팔고 원자력을 이용해 전기는 저렴하게 생산하고자 한다고 대답했다. 그때 나는 원자력에 대해 잘 모르고 있었지만 지도자의 국익을 생각하는 마음이 인상 깊었다.

I&I 사업부를 맡고 나서 사업 품목에 대한 시황과 기술적 특성, 사업주 현황 등 디테일하게 사업 전망을 하고, 그 비전을 재설정했다. 품목도 많았지만 사업별 특성이 강해 일괄적으로 사업 전략을 수립할 수 없었다. 사업 품목별로 각 사업을 총괄하는 임원들이 사업 특성에 맞도록 전략을 추진하되 시장의 특성상 수주 안건에 대해 끝까지 물고 늘어지는 근성이 필요했다. 공사 수행도 마찬가지였다. 나는 종업원들에게 열정을 가지고 도전하고, 끝까지 목표를 달성하려는 근성을 가지라고 요구했다. 사업부 슬로건도 '열정, 도전, 근성'으로 정했다.

어렸을 때를 생각해 보았다. 나는 승부 근성이 강했던 것 같다. 중학교 때까지는 일등을 놓치면 다음엔 밤을 새우더라도 일등을 해야 직성이 풀렸다. 운동도 마찬가지였다. 초등학교 5학년 때 전교 달리기 대표 선수를 할 때도 줄넘기 등으로 집에서 별도 연습을 하고, 책을 보면서 자세 연습도 했다. 삼성그룹에서는 혁신을 통해 목표의 중요성과 일에 대한 열정, 사업을 맡아서 끝까지 파고드는 집념을 배웠다.

어릴 때나 군대에서 축구를 잘했던 이유도 생각해 보았다. 나는 그 원인이 달리기에 있었다고 생각한다. 왼발로 킥을 하려고 노력했지만 잘되지 않았다. 발재간이 남보다 뛰어난 것도 아니었다. 하지만 웬만한 시합에서는 상대 선수와 똑같이 공을 보고 뛰어가면 한발 앞서 공을 찰 수 있었다. 그처럼 기업에서도 기회 선점이 무엇보다 중요하다.

그러나 I&I 사업은 국내에서도 후발로 시작했기 때문에 지속적인 경쟁력 확보가 불가능했다. 그래서 세계 시장에서 일류 기업으로 갈 수 있는 품목 선정을 위해 I&I 사업에 대한 장기 비전을 재설정해야 했다. 주력사업으로 발전과 담수화 수처리, 비철, 철강 관련 사업 등 환경사업을 주시장으로 개발하기로 했다.

주요 안건들을 검토하면서 사우디에서 약 6개월에서 1년 뒤에 알루미늄 롤링밀 일괄 시스템이 발주된다는 정보를 입수했다. 여러 가지 검토 끝에 사우디의 알루미늄 롤링밀 일괄 시스템을 수주한다면 마이닝 분야에서 기회 선점이 가능하다는 결론을 얻었다. 국내는 물론 세계적으로 일류 기업에 바로 진입할 수 있었고, 전 세계적으로 일괄 시스템을 경험한 네 번째 회사가 될 수도 있었다.

이 프로젝트를 수주하기 위해서는 3개 회사가 협력해야 한다. 장비 제조를 가장 잘하는 독일 업체, 프로세스 설계를 가장 잘하는 핀란드 업체, 공사 수행을 가장 잘한다고 소문난 삼성이 힘을 합친다면 강력한 수주 후보가 될 수 있다. 여기에서 발주되는 4개 프로젝트를 모두 수주하면 알루미늄 채광에서부터 롤링밀까지 일괄 생산 시스템 기술을 확보할 수 있어 단숨에 세계의 탑 수준 대열에 들어갈 수 있다. 세계적으로 일괄 프로세스를 할 수 있는 업체는 3군데 밖에 없었다.

이 프로젝트를 목표로 작업을 추진했다. 독일 장비 제조 업체를 방문해 사우디 프로젝트에 같이 협력하기로 MOU를 체결했다. 얼마 후 핀란드 업체도 방문했다. 역사가 오래된 회사로 회장이 직접 경영하며 이건희 회장을 잘 알고 존경한다고도 했다. 덕분에 기술협력에 대한 약속을 쉽게 할 수 있었다. 사우디 롤링밀 프로젝트를 삼성엔지니어링이 주관해 독일, 핀란드의 장비와 설계 기술력 1위 업체들 간의 협력 체제가 구축됐다. 얼마 뒤 1차로 롤링밀에 대한 입찰이 있었다.

국내 경쟁사들도 이 프로젝트에 관심을 가지고 있어 어려움이 따랐다. 국내 업체들의 참여 의지 때문에 3차 입찰까지 갔다. 3차 입찰에 참여하고 며칠 뒤 퇴근 무렵 영업담당 상무가 찾아왔다. 사우디 상대 회사에서 연락이 왔는데, 국내 경쟁 업체에서 우리 가격에서 1천만 달러를 깎아 줄 테니 자기 회사로 수주해 달라는 요청이 왔으니 가격을 더 낮추어 달라는 것이었다.

그때 사실상 경쟁업체는 유사 프로젝트 경험이 전무 한 업체였다. 시장 진입을 위해 수업료를 내겠다는 각오로 덤벼든 셈이었다. 나는 담당 상무에게 지금부터 이 프로젝트는 가격 문제가 아니라 제대로 수행할 수 있느냐가 문제라고 했다. 우리가 제시한 금액 이하로는 정상적으로 프로젝트를 수행하기 어려우니 알아서 판단하고 결정하라는 요지로 답을 요구했다. 상황을 잘 판단해 1백만 달러 범위 내에서 깎아줄 수 있으니 의사 결정을 하라고도 지시했다.

사장에게 상황 설명을 하고 1백만 달러는 깎아주고 수주하겠다는 승인을 받았다. 매출 이익은 확보할 수 있었지만 회사의 견적 기준으로 당기손익은 마이너스 1%였다. 이 프로젝트 이외에 각 공정 단계별로 수주를 했을 때 얻을 수 있는 기술적 효과를 고려해 수주하기로 비서실의 승인을 받게 됐다. 그 뒤로 이 4개 프로젝트 중 차례로 3개의 프로젝트를 수주할 수 있었다.

마지막 수주 프로젝트를 남겨두고 있을 때였다. 마지막 프로젝트는 알루미늄 원석에서 알루미늄 성분을 분리하는 과정으로 화공 기술자가 필요했다. 발주처 사장은 내게 다음 프로젝트 수행에 화공 인력을 절반 정도 유지해 준다면 삼성엔지니어링에 발주하겠다고 여러 번 말했다. 나도 그렇게 약속하고 준비했다.

내가 처음 I&I 사업부를 맡았을 때 사장이 말했었다. 화공 시장이 어려워지고 있으니 I&I에서 수주를 하면 인력 지원을 해 줄 테니 최대한 수주하라고 했다. 그러나 I&I 사업부가 수주 5조를 달성하고 나서 화공 사업에서도 당초 예상과 달리 이라크 프로젝트 등 5조 원을 수주해 결과적으로 회사는 경험이 없는 지역과 새로운 사업들을 포함해 10조 원을 수주하게 됐다. 대형사업을 할 수 있는 기술 인력과 사업관리 인력 부족으로 I&I 사업부와 화공 사업부를 다시 합쳐서 운영하게 됐다.

이 조직 개편으로 나는 2012년 1월부터 회사에서 집행하는 원가의 70%를 차지하는 구매와 공사를 관장하는 사업부를 맡게 됐다. 하지만 구매와 공사 업무의 실질적 수행은 각 프로젝트 단위로 이루어지기 때문에 부사장이 직접 관장할 업무 규모가 되지 못했다. 이 때문에 나는 중동지역에서 장기적으로 경쟁력을 확보할 수 있도록 현지 업체들과 공사협력 체제를 구축했다.

현지에서 공사협력 업체들이 국내에서와 같이 종류별, 규모별로 체계적인 협력 체제가 구축되지 않으면 삼성엔지니어링은 공사 수행 때 현지 1군 업체에 의존해야 한다. 이 때문에 가격 경쟁력이 떨어지고 1군 업체의 인력 확보 상황에 따라 품질과 생산성에 차이가 나며, 지속적이고 일관성 있는 경쟁력을 확보할 수 없기 때문에 반드시 필요한 조치였다.

그러나 이마저도 집중적으로 추진할 인력의 여유가 없어 일선에서 물러나 2013년 1월, 2년간의 엔지니어링 자문역을 맡게 됐다. 이 기간에 못다 한 경영 공부를 하던 중 한수원의 원자력본부장 공모에 응시해 2013년 말경에 한울원자력본부장으로 취임했다.

일류 기업 삼성에서 군대 생활 2년을 포함해 35여 년의 세월을 몸담았다. 눈이 오거나 비가 와도, 어디에서든 혼신을 다해 역량을 펼쳐 보았다. 그리하여 삼성의 별이라는 임원이 되기도 했다. 돌아보면 여한이 없는 직장생활이었다. 삼성은 내 인생에서 청년기와 장년기를 키워 준 제2의 고향이었다.

□ 강추, 삼성

나는 청년들에게 힘주어 권하고 싶다. 기업 경영에 대해 배우거나 전문경영인의 꿈을 가지고 있다면 삼성그룹에 입사하라고. 삼성그룹은 이병철 선대 회장이 주창한 '사업보국'과 '인재 제일'의 기업 이념이 철저하게 지켜지고 있다.

내가 경험한 삼성그룹은 학연, 지연, 혈연에 따른 혜택이 없다. 오로지 실력과 주인의식이 우선이다. 물론 도덕성과 청렴 등 경영자로서의 기본 덕목도 다른 그룹보다 엄격하다. 잘 짜인 업무 시스템이지만 계속 진화를 한다. 이를 위해 그룹은 매년 거금을 투자하고 있다.

내가 삼성그룹에 입사할 때 아무런 연고도 없었다. 삼성그룹의 이름만 믿고 지원했다. 입사 이후 승진 때를 비롯해 명절에 상사에게 선물을 하거나 부탁한 적이 없다. 그만큼 삼성그룹의 인사 시스템이 객관적이라는 얘기다. 신문 지상에 가끔 친인척 비리나 특혜 기사가 나온다. 그런 조직에서 어떻게 자긍심을 가질 수 있으며 주인의식이 생길 수 있겠는가.

삼성은 부정에 냉혹한 조직이다. 거래 업체로부터 구두 티켓 한 장 받았다고 사직해야 하는 경우를 여러 번 보았다. 철저하게 청렴을 추구하는 조직이다. 오로지 삼성그룹에서의 승진과 출세는 자신의 능력과 노력이라고 보면 된다. 특히 시골 대가족 울타리 속에서 자라고, 어려운 환경을 이겨낸 젊은이들에게는 삼성그룹이 기회의 직장이 될 수 있다고 확신한다.

삼성그룹의 입사 시험은 내가 아는 한 일정 수준의 자격 요건으로 보면 된다. 과거에는 필기시험과 면접을 일정 비율로 반영했다. 하지만 요즘은 필기시험 통과자는 필기점수를 완전히 배제하고 면접 점수로만 마지막 관문을 통과하게 된다. 면접에서 집단토론이나 창의력, 리더십을 테스트하는 다양한 방법이 동원되기도 한다.

삼성그룹에서는 다양한 교육 기회가 주어진다. 용인의 인재개발원 교육을 비롯해 각종 사내교육과 외국 연수와 유학의 기회도 주어진다. 그만큼 인재 육성에 아낌없는 투자를 한다. 이건희 회장은 '인재 1명이 1만 명을 먹여 살린다'고 할 정도다. 사원의 능력을 다양한 방법으로 수년간에 걸쳐 평가하고 다양한 루트로 검증한다. 최고 경영자가 되면 수만 명을 먹여 살리는 것은 물론 회사를 키운다고 보기 때문이다.

청년들이여, 직장과 내가 함께 성장하고 싶다면 삼성그룹의 입사를 추천한다. 노력 여하에 따라 성장할 기회가 되는 곳이다. 미래를 개척하려는 강한 꿈을 부디 삼성에서 쏘아 올리기를 경험자로서 강력하게 권유한다.

Postface

손병복을 말한다

김 징 완 〈전 삼성중공업 부회장〉

손병복은 삼성 입사로 보면 10년 후배이다. 삼성중공업이나 삼성그룹 비서실에서 비슷한 시기에 경영관리 업무를 했지만, 내가 직속 상사로서 손병복을 데리고 일을 한 건 2001년 3월, 삼성중공업 사장을 맡을 때부터였다. 그때 손병복은 상무로서 조선소의 경영관리를 맡고 있었다.

원래 경영관리 업무는 회사의 전략과 예산관리 등 살림을 살기 때문에 약간은 보수적으로 회사의 살림살이를 꾸려간다. 그때 내가 기억하는 손병복 역시 약간은 보수적이었다. 하지만 나의 경영철학은 '경영인은 나라의 부를 책임지고 불가능은 없다'였다. 이러한 상황에서 삼성중공업 사장이 되었다.

국내 조선 3사 중 CAPA 면에서 꼴찌였던 삼성중공업은 조선업계의 세계 1등이 되기를 원했다. 당시 3등에 불과하던 거제조선소를 세계 1등 조선소를 만들 계획을 세우도록 지시했다. 나는 '은하철도 999'처럼 하늘을 날 수 있는 배도 만들 수 있다는 신조로 일을 했기 때문에 불가능이란 없다고 생각했다.

고개를 갸우뚱하는 손병복에게 모든 면에서 CAPA가 세 배인 현대의 울산조선소보다 매출을 더 많이 할 수 있는 방법을 찾아내라고 지침을 주었다. 한국이 전 세계에서 조선업계 1등이기 때문에 한국 1등이 전 세계 1등이었다.

나는 영업을 위한 해외 출장과 서울에서 여러 가지 일로 두 주에 2, 3일 정도 거제 조선소를 다녀올 수밖에 없는 상황이었다. 조선소 소장을 비롯해 각부문의 책임 임원들이 각자 맡은 목표를 달성해야 했다. 특히 손병복은 전략을 점검하고 예산을 지원하고 일의 진행 상황을 파악해 보고하는 종합사무국의 역할을 해야 했기 때문에 항상 내 생각과 같은 생각을 가져야 했고, 내가 조선소에 상주하지 않아도 항상 나와 같은 생각으로 현장을 리드해야 하는 위치였다.

몇 주 후 다시 조선소에 갔을 때 1등 조선소 만들기 프로젝트에 관한 보고가 있었다. 3천 톤의 크레인을 활용해 블록을 크게 해서 종전에 약 100개의 블록으로 선박 한 척을 건조한 걸 11개의 블록으로 만들자는 계획이었다. 완벽한 계획은 아니었지만 조선소 소장을 비롯해 설계, 생산 등 현장의 책임 임원들에게 확인한 결과 가능하다는 의견이었다.

책임 임원들의 1박 2일 토론 등 여러 가지 검토를 거쳐 얻은 결론은 블록을 크게 해서 도크 기간을 획기적으로 단축하는 것은 가능하다는 것이었다. 하지만 그래도 두 배 가까이 늘어나는 건조량을 감당하기 위해서는 도크가 절대적으로 부족한 형편이었다.

검토에 검토를 시킨 결과, 육상에서는 부지가 한정되어 방법이 없었고, 바다에서 프로팅도크를 이용하자는 안이 나오게 됐다. 물 위에 떠 있는 프로팅도크에서 선박을 건조한다는 건 그때로는 전 세계에서 전무후무한 일이었다. 육안으로는 느껴지지 않지만 미세한 흔들림 때문에 고도의 정밀도를 유지해야 하는 선박 건조에는 불가능하다고 느꼈기 때문이다.

수차례의 회의를 거쳐 블록을 대형화해 도크 기간을 단축하고 플로팅도크에서 선박을 건조해 생산량을 40% 늘리려는 계획이 나왔다. 현장의 공모 형태로 최종계획을 확정하기까지 수많은 검토와 토의를 거쳐야 했다. 생산시스템, 설계방식, 물류 이동을 비롯해 조선소 전체가 바뀌어야 했다. 조선소 소장을 비롯 각 부문 책임 임원들이 주어진 목표를 차질없이 달성해야 가능할 수 있었다.

손병복은 조선소 전체 살림살이를 해야 했으므로 이러한 모든 상황을 연결하고 파악해 사장인 내게 보고하고 차질없이 진행될 수 있도록 지원하고 전략을 수립했으며 평가하면서 결과에 따라 보상하는 역할까지 해야 했다.

나는 가끔 이렇게 손병복 상무에게 야단쳤다.

"맷집이 좋다고? 손병복의 맷집은 아무도 못당한다고?"

조선소 소장을 비롯한 전체 임원들을 야단쳐야 할 때도 부지기수였다. 하지만 사장으로서 사기 진작을 위해 일일이 야단을 칠 수는 없었다. 그럴 땐 손병복 상무에게 야단칠 수밖에 없었다. 내가 없는 동안 나를 대신해 일의 진행 상황을 파악하고 현장을 독려해야 하기 때문이었다

일본 미쓰비씨조선소 견학 때 선박 가까이도 가지 못하고 먼발치서 보게 하던 미쓰비씨조선소 사장이 견학하러 올 정도로 거제조선소가 획기적으로 바뀌었다. 프로팅도크에서 건조하는 첫 번째 회사의 사장도 나를 찾아왔다. "왜, 하필이면 우리 배를 프로팅도크에서 건조하느냐?"는 항의였다. 논리로 설득할 상황이 아니었다.

나는 플로팅도크에서 건조한 선박이 잘못 될 경우 모든 책임을 지기로 약속했다. 완벽하게 손해가 보상될 수 있는 조건을 제시했다. 선박 값을 받지 않고 생긴 손실을 모두 보상해 주겠다는 약속도 했다. 이러한 1등 조선소 만들기 프로젝트를 회사 차원에서 기획하고, 각 부문을 지원하면서 사장인 내가 제대로 이 프로젝트를 완성할 수 있도록 최선을 다했다. 이 프로젝트가 완성될 무렵인 2005년 1월, 손병복 상무는 삼성엔지니어링 경영지원실장이라는 중책을 맡아 중공업을 떠났다. 삼성엔

지니어링에서 이건희 회장의 경영철학인 업의 개념에 맞게 경영하라는 참뜻을 이해하고 이 회사가 글로벌 기업으로 성장하는 기틀을 마련하는 그를 지켜보았다.

손병복의 도전은 원자력발전소로 이어졌으며, 나는 이 책을 통해 새삼 손병복을 다시 보게 되기도 했다. 개인보다 조직 전체를 위한 마음과 경영자로서 부를 만들어내는 안목이 생겨 있었다. 목표달성을 위한 추진력과 소통력도 볼 수 있었다.

손병복은 노사안정이 현장경영의 핵심이라고 파악하고 모든 사원들을 대상으로 100만 평의 사업장 곳곳에서 일하는 3만여 명(협력업체 포함)의 임직원들에게 매분기마다 경영현황 설명회를 하는 배포도 가지고 있었다.

그의 지속적인 경영현황 설명회는 현장직원들이 회사를 이해하는 데 많은 역할을 했을 것이다. 낙제점이었던 종업원들의 회사 신뢰도가 70% 수준까지 올라간 건 획기적이었다. 나는 이제 다시 손병복의 새로운 도전을 지켜보고 있다.

손병福의 무적구단

손병복 자서전
삼성그룹 35년, 한울본부장 2년

인쇄일	2021년 5월 17일(초판 1쇄)
발행일	2021년 5월 21일(초판 1쇄)
지은이	손병복
펴낸이	오시안
펴낸곳	시율
출판등록	2019년 5월 1일 제2021-000010호
도서문의	nun@ynu.ac.kr
총괄기획	시율
인쇄	시율
ISBN	979-11-974286-0-9 03990
값	18,000원
홈페이지	http://www.siyul.kr

이 자서전의 저작권과 판권은 시율에 있습니다.
이 자서전의 무단 전재를 금합니다.
이 자서전에 나오는 실명은 본인에게 사전 동의를 구하지 못한 점 양해 바랍니다.